本书为2016浙江省哲学社会科学规划后期资助课题

本书承蒙浙江大学董氏文史哲研究奖励基金资助出版

浙江省哲学社会科学规划
后期资助课题成果文库

汉语零形回指认知的多维研究

Hanyu Lingxing Huizhi Renzhi De Duowei Yanjiu

王倩 著

中国社会科学出版社

图书在版编目(CIP)数据

汉语零形回指认知的多维研究 / 王倩著 . —北京：中国社会科学出版社，2017.5

(浙江省哲学社会科学规划后期资助课题成果文库)

ISBN 978 – 7 – 5203 – 0531 – 0

Ⅰ.①汉⋯　Ⅱ.①王⋯　Ⅲ.①现代汉语 – 词法 – 研究　Ⅳ.①H146.1

中国版本图书馆 CIP 数据核字(2017)第 134896 号

出 版 人　赵剑英
责任编辑　宫京蕾
特约编辑　李晓丽
责任校对　周　昊
责任印制　李寡寡

出　　版　中国社会科学出版社
社　　址　北京鼓楼西大街甲 158 号
邮　　编　100720
网　　址　http：//www.csspw.cn
发 行 部　010 – 84083685
门 市 部　010 – 84029450
经　　销　新华书店及其他书店

印刷装订　北京市兴怀印刷厂
版　　次　2017 年 5 月第 1 版
印　　次　2017 年 5 月第 1 次印刷

开　　本　710×1000　1/16
印　　张　12.75
插　　页　2
字　　数　213 千字
定　　价　56.00 元

凡购买中国社会科学出版社图书，如有质量问题请与本社营销中心联系调换
电话：010 – 84083683

目　　录

第一章

绪 论

第一节 选题意义

在语篇中，我们经常会看到这种现象：某个成分（包括人物、事物、事件、概念、现象等）在语篇中如多次被提及，作者有可能重复使用这个成分，也可能不再重复使用这个成分，而是使用另一个成分来指称这个成分，这种现象被称为指代（anaphora），在很多研究中也被称为回指。关于指代，语言学家们给出了很多不同的定义，其中最为经典的是韩礼德和哈桑（Halliday & Hasan，1976）提出的将指代看作一种实现篇章衔接的语言现象。对于指代研究的价值和意义，黄衍（Huang, Y., 2000）指出，对于指代的研究有助于我们回答乔姆斯基所提出的语言的本质的问题——"柏拉图问题"的一个特例，即语言习得的逻辑问题。由于当代语言学把指代看作一种心理表征（representation），因此，对指代现象的研究是帮助人们加深理解人类心智本质的最有效的途径之一。长期以来，人们从哲学、逻辑学、语言学、计算科学、人工智能等众多领域对指代现象展开了多角度、全方位的研究。在语言学层面上，学者们从句法学、语义学、语用学、语言认知、篇章分析、文体学、语言类型学和语言普遍现象研究、语言习得和语言教学等不同角度，对语言中的指代现象进行了广泛研究。其中20世纪80年代是回指研究的爆炸期，在此之后，回指研究便发展成为理论语言学关于句法、语义和语用界面上的一个中心研究课题。

随着语言学和心理语言学对语篇理解或处理的日益重视，指代消解也成为该领域的一个研究热点。所谓"指代消解"（anaphora resolution），就是为回指语（anaphor）确定先行语（antecedent），也就是其指代对象的过程。王军（2005）指出，回指研究的核心问题是回指释义，即回指语在各种因素的作用下搜寻到其先行语的过程。在这一过程中，各种各样的语言和非语言因素都可能牵涉其中，而回指研究的任务就是要把这些因素剥离出来，考察它们是如何对回指释义的过程产生影响的。

指代消解是自然语言处理的关键和热点问题之一，是信息抽取不可或缺的组成部分，在自然语言的篇章理解中具有举足轻重的意义。为了更准确且没有遗漏地从文本中抽取相关信息，必须要对文章中的指代现象进行消解。指代消解不仅在信息抽取中具有重要的价值，而且在自然语言接口、机器翻译、文本摘要和问答系统等应用中也起着关键的作用。因此，指代消解研究可以极大地推动自然语言处理研究的发展，促进自然语言处理研究与应用的紧密结合，具有非常高的应用价值。

国际上关于指代的既往研究主要集中在以下三个领域：人工智能、经典语言学、认知心理学。许多早期的方法侧重于从理论上进行探索，运用大量手工构建的语言甚至领域知识进行指代消解。近年来，由于自然语言自动处理技术的发展以及各类应用对指代消解技术的需求越来越迫切，人们转向了基于弱语言知识的方法，将研究重点放在了实用的自动指代消解技术的研究开发上，如人工智能领域的机器学习的方法等，并取得了一定的进展。然而，受制于弱语言知识，自动指代消解技术近年来在性能的继续提高上遇到了"瓶颈"。无论是回指的生成，即说话人在先行语候选集合中挑选出最合适的先行语后，在下文中用某种回指形式和该先行语进行照应，还是回指的解析，即听话人在接收到回指语时即时搜索其相应的先行语，从而确定回指语的所指对象，在这一过程中，语言的使用者都需要激活头脑中相关的句法信息、语义信息和百科知识等，根据各种限定性条件确定回指形式或回指语对应的先行语。而这些深层语言知识，特别是结构化句法信息和语义信息等知识都是机器所无法识别和理解的。因此，要在指代消解技术上突破"瓶颈"，还需要语言学领域的研究者从深层语言知识的层面为指代加工的认知机制提供更多的理论支持和规律破解。

英语中最常见的回指形式主要是代词回指，因此在西方语言学家对回指的研究中，最受关注的是代词回指。和英语不同的是，汉语中的零形回指的现象非常普遍。所谓零形回指，按照霍珀和汤普森（Hopper & Thompson，1980）的解释，指的是失去的论元可以没有变化地在语法上补出来。陈平（Chen, P.，1987）是这样界定零形回指的：如果从意思上讲句子中有一个与上文中出现的某个事物指称相同的所指对象，但从语法格局上看该所指对象没有实在的词语表现形式，我们便认定此处用了零形回指。这两个对零形回指的定义从本质上来说是一样的，只不过霍珀和汤普森是从动词的论元的角度来谈的，而陈平是着重从上下文情景的角度来思考的。把这两个定义结合起来，所谓的零形回指，就是在上下文语境中，动词的论元缺省了，没有以语音的形式出现，然而人们仍然可以通过上下文找回这个所指对象。

汉语是自由零回指语言，即零形式的出现或使用频率相当高。李和汤普森（Li & Thompson，1979）在研究中发现：汉语中的零形回指远比英语广泛，并且汉语的零形回指不受语法结构限制，确定零形回指的所指对象，不仅需要语义和语用方面的知识，还需要语篇上下文信息。陈平（1984）认为，零形回指是汉语中非常普遍的一种语言现象，它几乎可以出现在句子中任一名词或代词出现的句法位置；零形回指在句中可以担任主语、直接宾语、间接宾语等句法成分。黄衍（1994：257）指出：汉语中零形回指的出现非常自由，其使用的频率远远超过代词，回指语的先行语更多地由语用推理所决定，而非句法决定。李文丹（Li，W.，2004）也认为零形回指现象是汉语和英语的一大区别，在英语中广泛使用代词回指，零形回指的使用受语法限制，而汉语中代词回指的使用则少得多，零形式被大量使用。

在语言类型学中，零形回指属于代词脱落（pro-drop）现象中的一类表现形式。乔姆斯基创建的生成语法（Generative Grammar）理论提出的最具革命性的思想之一是：所有的语言在各自的不同特性之外都拥有一些基本的共性。在针对语言的特性和共性的研究中，代词脱落现象（在很多研究中被统一归类到空主语现象中）是被研究得最多、形式化最充分的语言特点之一。在很多语言中，处在主语位置上的代词可以不需要在句中显性表达出来，而以空语（null argument）形式出现，这种现象被称为空主语（null subject）或零主语（zero subject），也被称为代词脱落现象。赫姆伯格（Holmberg，2010）提出将空主语语言划分为典型空主语语言（consistent NSL）、形式空主语语言（expletive NSL）、篇章型代词脱落语言（discourse pro-drop language）、部分空主语语言（partial NSL）。汉语被划分为篇章型代词脱落语言，又称为激进型代词脱落语言。这类语言的特点是篇章中的各种代词性成分都可以自由脱落并能从篇章上下文中获得还原。在篇章型代词脱落语言中存在一个允许激进的代词脱落的隐性的语法机制，在该机制中，上下文中可以被理解的先行语被复制到空代词的论元位置上，从而使得脱落的代词可以获得还原。对于汉语中允许激进的代词脱落的这种隐性语法机制，虽然已有从句法、语义、语用和认知等多角度的分析，但尚未形成系统性的理论解释，也缺乏实证性的支持。对汉语代词脱落的深入研究有助于深化人们对于汉语的句法、语义、语用、篇章等各个层面的语言规律的认识，而通过和其他语言的对比研究，有助于语言共时特征的发现和解释、语言历史演变的研究、语言学理论的建设，以及单一语言研究的深化。

综上所述，汉语零形回指的认知机制的研究，一方面将在深层语言知识的层面为指代加工的认知机制提供更多的理论支持和规律破解，为中文信息处理中的指代消解研究提供语言学层面的理论支持；另一方面也会推动汉语代词脱落现象的语言类型学研究，在语言的共时和历时研究、对比语言学、对外汉语教学等领域也有重要的研究价值。

第二节　相关研究综述

西方的语言学者们从不同的角度对回指的本质和用法展开了研究，主要包括句法角度、语用角度、语义角度、功能角度、心理学角度、认知角度、计算语言学角度、篇章角度等。这些研究多数都是以英语为语料，由于英语中零形回指现象并不普遍，且用法较为规则，因此这些研究中对零形回指现象涉及较少。

相比之下，在汉语的回指研究中，零形回指受到了研究者们特别的关注，主要的研究内容包括以下几个方向。

1. 零形回指的认知策略和心理现实性

陶良（Tao，1993；2005）在解释人们在处理富含零形回指的汉语篇章时使用到的认知策略时提出了两个假设：①母语中的结构信息为人们对母语的加工提供了具体的认知策略；②这些认知策略又会对他们第二语言的学习产生重要的影响，并通过认知实验的方式对这两个假设进行了验证。陶良认为，汉语中零形回指的出现并非只由主题连续性所决定，而是受到语境的影响，因此语篇中的零形回指往往可以同时指向一个以上的候选先行语，至于先行语具体是哪个，则受到类似"出现指称"（Emergent Reference）等若干认知策略的影响。

杨宁（2008）试图通过引入话题因素（话题的连续与不连续）对汉

语语篇中零形回指的消解进行系统的心理语言学研究，对汉语零形回指消解的心理现实性、时间进程和影响因素进行了初步探讨，并用认知实验的方式对自己提出的假设进行了验证。实验证明：在汉语篇章的阅读理解过程中，零形回指消解是一个复杂的思维和认知过程，但作为母语为汉语的人，我们头脑中积累了大量的图式和脚本，同时借助百科知识、语法结构、上下文关系和其他各种因素，我们可以在较短时间内判断出零形回指的所指对象。这说明汉语零形回指消解与代词回指消解一样，是一个快速和自动化的过程，无论是零形回指消解还是代词消解，其背后的心理机制应该都是符合人们认识世界的普遍认知机制的。

2. 汉语零形回指的使用条件

李和汤普森（1979）是较早关注汉语语篇中回指现象的学者。他们以《水浒传》和《儒林外史》为语料对汉语零形回指［他们称之为零代词（zero pronoun）］作了研究，发现零形回指是汉语的一个标准模式（norm），不需要任何显性的标记，而结构并非是控制零形回指的决定因素。他们从话语功能角度研究汉语中零形回指的选择，认为零形式出现于主题链（topic chain）中，其功能是将各分句连接成一条话题链；代词的出现标志着一条新话题链的开始，而名词则出现于一个段落的开头。零形回指使用的关键性因素是"连接性"（continuity），两个小句之间的连接性越高，就越倾向于在第二个小句中使用零形回指。所谓的"连接性"，是指一个小句与它前面一个小句形成一个语义单位的紧密程度，包含小句中各种句法和语义的特征，也包括说话者对语用情形的观察。

陈平（1984；1987）是国内研究汉语回指现象较早和较有影响的学者。在他1984年的研究中，他将可预测性和可忽略性视为影响汉语第三人称零形回指使用的主要原因，因为可预测性和可忽略性具体地表明了篇章的话题连续性。其观点可以概括为：零形回指所指的可预测性和可忽略性越高，越倾向于选择零形回指，反之则相反。衡量可预测性的标准有三：①有效的或无效的竞争名词；②与前面小句连接性的高低；③可及性的高低。可预测性及其衡量标准之间的关系是：名词短语的有效性、连接性和可及性越高，则可预测性越高；反之，则可及性越低。1987年他发表的《汉语零形回指的话语分析》是国内第一篇系统地从话语的角度研究汉语零形回指的论文。该论文侧重分析了汉语话语结构特征对于零形回指的制约作用，提出以下观点：所指对象在话语的连续性是回指时使用零形式的必要条件。连续性有微观和宏观之分。微观连续性取决于先行语和回指对象在各自句子的信息组织中的地位，体现在先行语的启后性和回指对象的承前性上。先行语在两种情况下启后性最强，一是做主语，二是作为新的信息成分出现在存现动词后面或者做普通动词的宾语。回指语做主语时承前性最强，做宾语时次之。先行语的启后性和回指对象的承前性越强，所指对象的微观连续性就越强。宏观连续性取决于先行语和回指对象各自所在的句子在话语组织中的关系。

蒲（Pu，1997）认为，主题连贯性（thematic coherence）是零形回指出现和分布的决定性因素。主题连贯性越高，回指先行语的可及性就越高，因而使用零形回指的可能性就越大。当主题保持连贯时，即使在间隔多个小句的情形下，人们也会倾向于选择零形回指。当主题连贯性受到破坏时，则倾向于使用代词回指来取代零形回指。同时 Pu 也认为零形回指在汉语语篇中出现并不像之前一些文献中所认为的那么"自由"，而是受到语篇和语用原则限制的。

朱勘宇（2002）发现，在同话题推进的语篇中，零形回指的出现同前后相连的两个谓语小句的句法形式有关，将其称为句法驱动力。导致零形回指使用的句法驱动力包括两个因素：①相邻谓语小句的句法结构相似，称之为句法平行；②相邻谓语小句用关联词语连接起来。

屈承熹（2006）认为，话题位置上的零形回指，在话题链中标示为高连续性，这种连续性可以从既有话题展开，也可以从存现句导入的指涉对象展开。从既有话题展开的零形回指表明了当前话题的连续；从存现句导入的指涉对象展开的零形回指则表明当前话题发生转换。

曾立英（2008）从结构特征的角度研究了影响零形回指的因素，认为直接引语结构、叙事语结构、流水句结构、双名结构、存现结构、事件结构等都对零形回指的使用产生影响。

殷国光（2009）探讨了显著性及语篇中存在的话语标记对零形回指的制约，提出先行语所处的显著句法位置是制约零形回指选择的一个重要因素，同时具有衔接连贯作用的词语、句式、语境、背景知识、逻辑推理等作为广义的话语标记能够提示读者零形回指的先行语，因而具有上述标记的句子也倾向于采用零形回指。此外，层级结构也对零形回指的使用起到制约作用，但当零形回指与先行语各自所在小句之间存在插入语句（直接引语、评述语、插叙语句）时，这些插入语与零形回指或先行语所在小句处于不同层次，篇章仍可使用零形回指。

3. 汉语零形回指的先行语解析

黄衍（1994：149—150）基于新格莱斯原则（neo-Gricean principles）提出用数量原则（Quantity Principle）、信息量原则（Informativeness Principle）和方式原则（Manner Principle）分析回指的解决方案，并提出了"local subject > local object > matrix subject > others"（内嵌小句主语 > 内嵌小句宾语 > 主句主语 > 其他）的汉语零形回指先行语序列。

游（You，1996）提出了分析零形回指的三个原则：最近原则（recency principle）、首要原则（primary principle）和分离原则（disjoincy principle）。最近原则的内容是：离下个小句的零形回指对象最近的那个成分，可能是零形回指的先行语。首要原则的内容是：在所有可能成为某个零形回指的所指成分中，"话题延续性"（topic continuity）的主要成分比其他成分更容易充当回指对象。分离原则的内容是：由"介绍/变化的世界"的谓语刚刚引进的新成分可能成为话题延续性的焦点。她认为，这三个原则在不单独依靠语用信息的条件下，可以找到某个零形回指的先行语。

李（Lee，2002：30—90）讨论了找回零形回指的先行语的三个原则：新近原则（Recency Principle）、开始原则（Opening Principle）和语境原则（Contextual Principle）。新近原则将零形回指语之前出现的最近的一个新实体选为零形回指的先行语。当话题从新实体向旧实体转换时，需要使用开始原则。而当需要更多的语境信息才能确认零形回指的先行语时，则需要使用语境原则。其中触发开始原则的因素包括结果标记、情绪表达、序数、关联词。她认为这些原则的操作是在话题延续性的层次结构上进行的。当某个新成分出现时，应考虑这个新成分和该成分之后的谓语之间的语义相符性。如果这两者不相符合，那么就在当前话题延续性之内一个个寻找零形主语的所指对象。

徐赳赳（2003）在《现代汉语篇章回指研究》一书中研究了名词、代词各种回指，也涉及了零形回指现象，提出基于语用和语义判定零形回指的先行语。他研究了汉语中多动词小句中的零形回指，认为语用和语义（主要是句子中动词的意义）是判别多动词句子中零形回指对象所指的主要因素，句法（这里主要指句子的语法结构）则处于次要地位。

毛（Mao，2003）考察了《左传》叙事性语料中的零形回指。他认为话题连续性之外，其他一些因素，如固定的语用模式、对话、平行的句法结构、连续转换所指等都对《左传》中零形回指的选择产生制约。

许余龙（2004）的《篇章回指的功能语用探索》一书从回指理解的角度研究了各种指称现象，其中也涉及了零形回指。许余龙认为，在篇章处理的某一刻，有两种篇章实体可以成为下一小句的期待主题：一种是前一小句的存现结构中那个无定名词短语引入的实体，另一种是前一小句主语/主题位置上的名词短语或该名词短语中的一个名词短语表达的实体。而前一小句动词宾语或副动词（coverb，或称介词）宾语位置上的那个名词短语表达的实体将是期待副主题。许余龙把汉语中的零形回指视为高可及性标示语。他提出了基于先行语的主题性和回指语的可及性的篇章回指确认机制。其中关于零形回指的确认原则如下：在其他条件相同的情况下，在语篇处理的某一刻，遇到的一个高可及性标示语表示：先行语是小句的主题，如果指称对象在小句的前半部分提及；或先行语是期待主题或显著的期待副主题，如果指称对象在前一小句中提及。

蒋平（2004a；2004b；2005）探讨了影响先行语可及性的因素。她认为除了阿里尔（1991）提出的指称距离、竞争度、凸显、一致性等因素外，句法位置、层次性和生命性也影响先行语的可及性。她分析了58689字语料中的2132例，从零形回指和先行语的句法位置以及话语结构层次的角度，以及先行语和回指词之间的关系和语义与语用的兼容匹配原则的角度分析了零形回指发生的条件，并提出了一些确认汉语零形回指先行语的解析原则。

王德亮（2004）根据汉语中的语法角色和主题的突出性，基于向心理论提出了汉语零形回指的解析算法，并用语料库实验进行验证。许宁云（2006）将向心理论全面而系统地应用于汉语语篇分析，推导出了一套用于解析和生成汉语语篇零形回指的计算模型，并进行了实证研究。段嫚娟等（2009）则在向心理论的语法角色显著性排序的基础上对汉语中语法角色的显著性进行了分级，并提出了六个基于向心理论的回指消解算法。

翁依琴（2006）以认知语法中的参照点模型（Reference Point Model）为理论基础，提出了凸显性阶列（Prominence Hierarchy）和宏观联系性（Macro-Connectivity）这两个概念，并提出了三条零形回指先行语的确认原则。凸显性阶列是由先行语和零形代词各自的位置所组成的。宏观联系性反映了领地之间的联系性，包括领地内和领地间的宏观联系性。零形回指只出现在联系比较紧密的情况下。

4. 汉语零形回指的信息化处理

以黄曾阳（1998）为首的 HNC［Hierarchical Network of Concepts（概念层次网络）］团队对零形回指现象作了比较深入的探讨。HNC 理论认为句群中大句的组合形式主要有共享现象、照应现象和接应现象三种。其中共享现象为大句和小句之间出现语义块的整体或局部共享，是汉语中最常见、最重要的句群结构，零形回指主要发生在这类现象中。该理论对共享句的划分能够把汉语中零形回指现象以形式化的方法比较清楚地表达出来，因此在零形回指的信息化方面具有很好的应用前景。

宋柔（1992）分析了汉语叙述文中的小句前部省略现象，提出了该现象的树形结构（参照树），并分析了参照树的某些形式规律和语义规律，为计算机处理汉语篇章提供了形式化模型和算法设计的依据。他把研究对象的基本元素定位在标点句，把大部分的标点句主语零形回指问题看作跨标点句的主语成分共享问题，同时指出除了主谓关系外，定中、状中、述宾、述补、介宾、连谓等句法关系也会跨越标点句，因而提出了跨标点句的句法关系问题，并提出了研究这一问题的理论框架。同样进行跨标点句共享成分研究的还有张瑞朋（2007）。他在跨标点句句法关系的理论框架下展开了对跨标点句共享成分识别问题的研究。在标注语料和专项调查的基础上，分列大小一百多方面总结出跨标点句句法关系发生的各种约束条件。提出了跨标点句句法关系的形式化的约束规则，以便信息化处理。

此外曹军等（2001）提出了在层次结构的宏观控制下，利用谓词的语义进行分析来消解零代词的规则。马红妹等（2002）建立了汉语篇章上下文语境模型，制定了主语省略恢复规则，给出了主语省略恢复的算法。殷鸿等（2007）通过语义分析进行省略判断，通过从语义功能到语法功能的映射进行省略判定，采取优选统一句法位置上的 NP 结构来进行主语省略恢复的方法。侯敏、孙建军（2005）提出了针对机器翻译的零形回指解析算法，即先确认与标记零形回指，然后对位于主语、宾语位置上的零形回指进行处理。叶和陈（Yeh & Chen，2007）提出基于词性标注和浅层语法而不是完全语法的方法来进行汉语零形主语回指消解。吴和梁（Wu & Liang，2008）提出了基于实例推理方法的汉语零形主语回指消解。胡钦谙（Hu，2008）分别采用向心理论算法和基于机器学习的决策树（decision tree）的算法对零形回指的自动解析进行了实验，结果表明决策树算法比向心理论算法具有更好的解析力。

以上这四个方面的研究覆盖了心理学、语言学、人工智能等多个领域，对汉语零形回指的心理机制、语言规律、形式化消解等展开了全面的研究。在这四个研究方向中，汉语零形回指的使用条件和汉语零形回指的先行语解析是和语言学联系最紧密的一个方向。这两方面的研究虽然在研究重点上有所不同，但是本质上都是对汉语零形回指的认知机制的研究，因此在研究内容和研究方法上有很多交集。然而在对汉语零形回指的认知机制的揭示上，这些研究还存在以下的不足之处。

1. 研究的理论性和系统性不足

在从语言学角度对汉语零形回指的认知机制的研究中，有很多概念和规律过于笼统和抽象，缺乏形式化的表征。如李和汤普森（1979）所说的"连接性"，游（1996）、蒲（1997）和李（2002）都采用的"话题延续性"，这种"连接性"和"话题延续性"的本质是什么？如何判断两个相邻语段之间是否具有足够的"连接性"和"话题延续性"？陈平（1987）指出主语和新信息都具有"启后性"，在主语和新信息都具有强启后性的情况下，先行语如何选择？游（1996）提出的最近原则、首要原则和分离原则之间有何相互影响，如何交互作用？徐赳赳（2003）提出的判别多动词句子中零形回指对象所指的语用和语义因素具体包括哪些？许余龙（2004）提出的先行语的主题性如何判断？这些都需要从更具体的语言形式的层面对这些概念和规律进行系统化的描述。

在另一部分从语言学角度的研究中，虽然有较为具体的语言形式层面的规律描述，但是缺乏从心理学角度对这些形式化规律的理论性解释。如殷国光（2009）指出的显著性和层级结构对零形回指的制约有何理论依据？朱勘宇（2002）发现的导致零形回指使用的句法驱动力，屈承熹（2006）、曾立英（2008）发现的对零形回指的使用产生影响的汉语结构的形式化特征之下所隐含的心理认知机制是什么？以往的研究对这些问题都缺乏足够的解释力。

一些研究是以向心理论（如王德亮，2004；许宁云，2006；段嫚娟等，2009）、可及性理论（徐赳赳，2003；许余龙，2005）、认知参照点理论（翁依琴，2006）等西方语言学理论为基础，由于这些理论主要是以英语语料为基础创立的理论，且这些研究都是建立在单一的某一个语言学理论的基础上，因此当被用于汉语零形回指的研究时全面性不够，还需要通过更多对汉语语言本身特点和规律的考察以及多种理论的结合才能形成更为全面准确的解析机制。

而基于人工智能和机器学习方法的零形回指信息化处理研究存在注重工程实践而忽视理论研究的问题，因此受制于弱语言知识，近年来在性能的继续提高上遇到了"瓶颈"，研究的焦点因此需要向深层语言知识，特别是结构化句法信息和语义信息方面的研究转移。

综上所述，在零形回指的认知机制上，虽然以往的研究涵盖了各个层面的因素，包括语法、语义、语用、语境、百科知识等，并发现了一些形式化特征，但是由于不同的研究者是从各自不同的层面展开的研究，因此这些认知因素是如何共同作用于汉语零形回指的？它们之间有何交互作用？这些形式化特征和各认知因素之间存在着怎样的对应关系？在这些研究中都未能提供足够详细和深入的解释。总的来说，以往的研究比较散乱零杂，有的侧重于心理机制研究，而对语言本身的特点和规律考察不足；有的侧重于语言规律的描述，而缺乏对这些规律背后的认知机制的研究，同时未能进行系统化整合；有的侧重于形式化解析方案的研究，在语言规律和认知机制的研究上受到了单一理论模型的限制，缺乏全面性。因此，到目前为止，对汉语零形回指的认知和解析机制尚未能形成完整的理论性解释和系统性描述。

2. 以语料库研究为主，缺乏对零形回指现象的认知机制的实验研究

除了陶（1993；2005）和杨宁（2008）从心理学角度进行的研究外，绝大部分从语言学角度对汉语零形回指的实证性研究都采取的是语料库研究的方法。语料库研究的方法优点在于语料的真实性和自然性，可以对语言现象在语言中的总体分布特点获得较为全面的结论，缺点在于缺乏针对性和可控性，对语言现象背后的认知机制的解释力有限。因此以往的这些基于语料库研究的方法大多都只停留在对零形回指使用和先行语选择的规律的描述上，而没有办法证明这些规律的存在确实和汉语使用者对零形回指的认知策略相关。同时由于语料库规模的限制，对于一些零形回指的非典型规律缺乏足够的语料支持。所以无论是在研究的深度还是在广度上，语料库研究的方法都是存在很大的局限性的。

第三节　研究内容与研究方法

由于缺乏足够的理论性和系统性，之前针对汉语零形回指的研究对以

下问题始终没有进行清晰的解释：汉语使用者对零形回指的认知机制到底是怎样的？汉语使用者究竟是如何实现零形回指的自动生成和解析的？本研究将尝试对汉语零形回指的认知机制进行一个系统化的研究，既有对汉语零形回指的认知规律的形式化描述，又包括对这些形式化规律背后的心理学原理的解释。在此基础上，还将对汉语零形回指的生成和解析机制进行动态化的流程描述。

第二章首先介绍和零形回指相关的代词脱落（空主语）现象的跨语言视角，然后对零形回指在汉语中的分类与分布进行总结。

第三章介绍和零形回指研究相关的几个西方语言学理论：可及性理论、向心理论、认知参照点理论和语篇表征理论/文本更新理论，并对这几个理论在汉语零形回指研究中的应用价值和不足之处进行分析。

第四章对汉语零形回指认知机制中的先行语凸显因素展开讨论，对语法显著、语义显著、信息显著这三个显著因素的心理机制进行分析，并用显著度层级序列的方式进行形式化描述。

第五章对汉语零形回指认知机制中的结构因素展开讨论，对距离和复句语义关系这两个因素的心理机制进行分析，并探讨距离因素的参数化研究方法和复句语义关系的形式化标记。

第六章采用认知实验的方式对第四至五章中提出的各种认知因素对零形回指认知的影响进行验证。一共包括七个认知实验系列和八项数据分析。

第七章总结出汉语零形回指认知的五个认知原则，在此基础上对汉语零形回指的生成和解析机制进行动态化的流程描述。

第八章对本书的研究内容、创新点和不足之处进行总结，并对未来可以开展的后续研究进行展望。

采取的研究方法是理论研究、语料分析和统计及认知实验相结合的方法。理论研究的部分将借助西方语言学理论的框架，结合汉语的语法、语义、语用等知识提出若干汉语零形回指的认知因素。在语料分析和统计的部分中，语料分析所采用的语料一部分摘抄自现代汉语文学作品，一部分转引自其他研究者的相关研究中，一部分是从北京大学 CCL 汉语语料库中检索获得，还有一部分是据语感生成；语料统计所采用的语料是从北京语言大学 BCC 汉语语料库中检索获得。认知实验的部分采取的是纸笔问卷的形式，实验范式包括歧义句先行语判断、句子续写和续写方式选择。

对实验数据的分析主要借助 SPSS 软件进行各种频率描述或统计检验。

第四节 本章小结

作为本书的绪论部分，本章首先介绍了本书所进行的研究的选题意义，从指代研究和代词脱落研究两个角度，指出了本研究课题在心理语言学、理论语言学、中文信息处理、人工智能、语言类型学、对外汉语教学等多个领域的研究价值。

其次，按照研究方向的不同，对以往的针对汉语零形回指的研究进行了梳理，总结出了零形回指的认知策略和心理现实性、零形回指的使用条件、零形回指的先行语解析、零形回指的信息化处理这四个主要方向，并从研究内容和研究方法两个角度对这些研究存在的问题和局限性进行了讨论。

最后，结合对以往研究不足的分析，提出了本书的研究目标，即采用理论和实证研究结合的方法，对汉语零形回指的认知机制进行一个系统化的研究，既包括对汉语零形回指的认知规律的形式化描述，又包括对这些形式化规律背后的心理学原理的解释，并对本书的组织结构进行了介绍。

第二章

代词脱落的跨语言视角及
汉语零形回指的分类与分布

第一节 代词脱落的跨语言视角

代词脱落（pro-drop）现象是和零形回指紧密关联的一种语言现象。在很多语言中，处在主语（宾语）位置上的代词可以不需要在句中显性表达出来，而以空语（null argument）形式出现，这种现象被称为代词脱落现象（pro-drop）。由于主语脱落的情况远多于宾语脱落，因此通常也称为空主语（null subject）或零主语（zero subject）现象。

早期的研究者如普尔穆特（Perlmutter，1971）、塔拉德森（Taraldsen，1978）、里齐（Rizzi，1982）认为空主语一般存在于西班牙语、意大利语等一致性屈折变化（agreement inflection）比较丰富的语言中，可以根据动词形态推测出主语的人称、性、数等特征，动词词尾提供的信息足以帮助读者把脱落的代词还原（recover），所以空语不必以语音形式出现，这类语言称为空主语语言（NSL）。英语动词的屈折变化只有两种形式，远不够丰富，其可还原性很小，所以英语不允许空主语①。这类语言称为非空主语语言（non-NSL）。这种用代词的可还原性来分析空语现象的法则被称为还原理论（Recoverability Principle）。这些研究成为乔姆斯基（Chomsky）后来在普遍语法（UG）中提出的代词脱落参数（pro-drop parameter）（乔姆斯基，1981：

---

① 根据乔姆斯基的空主语（empty category）理论，英语中也是存在空主语现象的，这种空主语出现在不定式句的主语上，被乔姆斯基用 PRO 来表示，而出现在定式句主语位置上的空主语则用 pro 来表示。赫姆伯格等之后的研究者将不定式句中的 PRO 和不定式一起看作固定的动词短语搭配，在进行空主语类型学的研究时，通常不考虑 PRO 的情况，而将英语视为非空主语语言。

250）（也称为 null subject parameter）以及后来的最简方案（minimalist pro-gramme）（乔姆斯基，1993）的基础。

　　然而这一以还原理论为基础的划分方法很快受到了各方面的质疑。黄正德（Huang C. T. J.，1984）在考察了日语和汉语等语言中的代词脱落现象之后提出在这些语言中，人称、性、数等的屈折变化比英语更少，可还原性比英语更低，但是这些语言中的代词脱落比意大利语和西班牙语等屈折丰富的语言更自由。而且在这些语言中，不仅主语可以脱落，宾语在很多时候也可以脱落，甚至句子中的任何成分都可以根据需要脱落。因此他认为，代词脱落可以在两种情况下发生：该语言要求完全的形式一致，以及该语言没有任何形式一致的要求。这一观点随后得到了贾格里（Jaeggli）和萨菲尔（Safir，1989）在管辖约束理论（Government Binding）（GB）的基础上提出的形态统一说（Morphological Uniformity Hypothesis）（MUH）的支持。

　　然而这种划分方法也被证明有特例存在，如斯堪的纳维亚语，包括丹麦语、瑞典语和挪威语，虽然这些语言都完全没有形式一致的要求，却不像汉语、日语、韩语等语言一样允许代词脱落，而是和英语一样，属于非空主语语言。而萨菲尔（1985）等人以德语和冰岛语为例，提出有些语言虽然也拥有丰富的屈折变化，但是只允许某些特定形式的空主语，在多数情况下都不允许空主语。经过以上的争论，基于一致性屈折变化的二分划分方法受到了动摇，研究者们开始意识到需要对空主语的类型进行更为详细的划分，才能更为精确地对空主语语言进行归类，因此里齐（1986a）进一步提出了一个基于空主语类型的划分体系，将空主语划分为以下三种类型：

　　a. 指代型空主语（referential）：承担语义角色的空主语，指代各种人和事物。

　　b. 类论元空主语（quasi-argumental）：承担类似于语义角色的空主语，特别常用于描述天气的句型中。

　　c. 形式空主语（expletive）：不承担语义角色的空主语，在英语中常用 it 或 there 来表达。

　　根据空主语类型的不同，里齐建立了以下的空主语语言分类体系：

　　a. 完全空主语语言（Full NSL）：既允许指代型空主语，也允许非指代型空主语，包括类论元空主语和形式空主语。

　　代表语言：意大利语、西班牙语、希腊语。

　　b. 半空主语语言Ⅰ型（Semi NSL TypeⅠ）：只允许类论元空主语和形

式空主语。

代表语言：芬兰语、意第绪语（Yiddish）。

c. 半空主语语言Ⅱ型（Semi NSL TypeⅡ）：只允许形式空主语。

代表语言：荷兰语、德语

d. 非空主语语言：不允许任何空主语。

代表语言：英语、法语。

然而里齐的这一划分体系仍然忽略了在完全空主语语言和非空主语语言之间除了半空主语语言还有一部分语言，不仅允许形式空主语、类论元空主语，还在受限条件下允许指代型空主语，如芬兰语［赫姆伯格和尼坎恩（Holmberg & Nikanne，1994）］、希伯来语［博雷尔（Borer，1980）］、巴伐利亚德语［赫蒙和尹（Hermon & Yoon，1989）］。黄衍（2000）在他的划分体系中注意到了这一点，根据空主语存在类型的不同将语言划分为三大类：①完全空主语语言，②完全非空主语语言，③受限空主语语言，或半空主语语言。其中第三类又可以分为三个子类别：①只允许形式空主语的语言，②允许形式空主语和类论元空主语的语言，③允许形式空主语、类论元空主语以及受限条件下指代型空主语的语言。黄衍的划分体系对完全空主语语言和完全非空主语语言之间的语言类型进行了更为精确的划分，但是仍然存在的一个问题是没有区分意大利语型的空主语语言和汉语型的空主语语言。

赫姆伯格（2010）将空主语语言划分为典型空主语语言（consistent NSL）、形式空主语语言（expletive NSL）、篇章型空主语语言（discourse pro-drop language）、部分空主语语言（partial NSL）。这一划分体系既根据不同类型的空主语进行了区分，又根据空主语形成的内在原因进行了划分，是目前最为成熟全面的一个空主语语言分类体系。本书将以这一划分体系为框架对不同语言中的空主语现象展开探讨。

1. 非空主语语言（non-NSL）

在非空主语语言中，动词的形态屈折变化不够丰富，动词词尾提供的人称、数、性等信息不足以帮助读者把脱落的代词还原，因此必须采用非空主语的形式来完整地表达句子意思。如以下法语句子所示，

（1）a. Elle arrive demain.

She arrive tomorrow.

"She's arriving tomorrow."

b. * Arrive demain.

Arrive tomorrow.

"She/He is arriving tomorrow. "

例（1）－a 使用 Elle 作为非空主语，是正确的法语句子，而例（1）－b 使用空主语的形式，不符合法语的语法要求。同时在这类语言中，不允许使用类论元空主语和形式空主语，而必须由特定的有形代词来填充，如以下法语句子所示：

(2) a. Il   pleut beaucoup içi.

EXPL① rains a lot   here.

"It rains a lot here. "

b. * Pleut beaucoup içi.

Rains a lot   here.

"It rains a lot here. "

(3) a. Il   paraît que Jean est passé   par là.

EXPL Seems that John is passed by here.

"It seems that John has been here. "

b. * Paraît que Jean est passé par là.

Seems that John is passed by here.

"It seems that John has been here. "

例（2）－a 使用 Il 作为类论元主语，例（3）－a 使用 Il 作为形式主语，是正确的法语句子。而例（2）－b 和例（3）－b 使用了空主语形式，不符合法语的语法要求。

2. 典型空主语语言（canonical NSL）[又称为完全空主语语言（full NSL）或一致型空主语语言（consistent NSL）]

在所有的空主语语言类型中，这类语言是被讨论和研究得最多的一类。在这类语言中，由于动词词尾含有丰富的人称、数和性的信息，所有的时态和人称下都可以使用空代词来作为主语，如以下的意大利语的例句所示：

---

① EXPL 是 expletive（形式主语）的缩写。

Bevo （…） 我喝 （…）

Bevi （…） 你喝 （…）

Beve （…） 他 （她） 喝 （…）

Beviamo （…） 我们喝 （…）

Bevete （…） 你们喝 （…）

Bevono （…） 他们 （她们） 喝 （…）

bevo、bevi、beve、beviamo、bevete、bevono 分别是动词 "喝" 在直陈式现在时下的变位，由于这些变位本身包含了丰富的人称和数的信息，因此在以上句子中，可以使用空代词来作为主语。

在这类语言中，非空主语 （overt subject） 一般也可以用在动词之前，但是通常是用来表达强调的一种手法。而在从句中如果使用非空代词作为主语，则指代对象通常和主句的主语不一致。以下面的意大利语为例，例 （4） - a 中从句使用空主语 Ø 代替代词 lui （他），其指代对象通常和主句主语一致，在这里应该是 il professore （教授），而 （4） - b 中从句使用非空主语，代词 lui 有强烈的倾向指向主句主语 il professore 之外的对象。这也是卡米纳蒂 （Carminati, 2002） 提出的空主语语言的先行语位置策略 （PAS, The Position of Antecedent Strategy） 的一个主要观点。而在对应的英语句子中，代词 he 通常会产生歧义，既有可能是 the professor，也有可能是其他的人。

（4） a. Il professore ha parlato dopo che （Ø = lui） è arrivato.

The professor has spoken after that （Ø = he） is arrived

"The professor spoke after he arrived."

b. Il professore ha parlato dopo che lui è arrivato.

The professor has spoken after that he is arrived

"The professor spoke after he arrived."

在这种类语言中，非指代型主语必须为空主语的形式[1]，如以下西班

---

[1]　格里芬 （Griffin, 2001） 则以意大利语为例证明典型空主语语言中实际上存在着类似于英语中的 there 的形式非空主语，如以下例句所示：Cià un ragazzo nel negozio. "THERE is a guy in the store." 苏维诺尼斯 （Svenonius, 2002） 对这种现象的解释是这种类型的非空主语从结构上来看是形式主语，从属性上来说则是指代型主语。

牙语例句所示：

（5）a. Ø Nieva.

Ø Snows.

"It is snowing. "

b. * Ello nieva.

It snows.

"It is snowing. "

（6）a. Ø parece que sabe　la　verdad.

Ø seems that knows the truth.

"It seems that he/she knows the truth. "

b. * Ello parece que sabe　la　verdad.

It　seems that knows the　truth.

"It seems that he/she knows the truth. "

例（5）中的主语为类论元主语，例（6）中的主语为形式主语，因此必须采用空主语的形式［（5）－a，（6）－a］，而不能使用非空主语的形式［（5）－b，（6）－b］。

3. 形式空主语语言（expletive NSL），又称为半空主语语言（semi-NSL）

里齐（1982）在研究语言中的空主语现象时，提出了两个相关而又独立的参数：一个是关于是否允许形式空代词的存在，另一个是关于是否允许指代型空代词的存在。在英语这类非空主语语言中，这两个参数均为负数；在意大利语这类典型空主语语言中，这两个参数均为正数；而在德语这类语言中，前一个参数为正数，而后一个参数为负数。因此，德语这类语言既有别于英语，也有别于意大利语，在空主语的研究中被普遍归入形式空主语语言或半空主语语言的类别。以德语为例：

（7）a. Es　steht ein Mann　vor　　der　Tür.

There stood a　man　in－front－of the　tower.

"There stood a man in front of the tower. "

b. Vor　　　der　tür　steht　（Ø＝es）　ein mann.

in – front – of the　tower stood（Ø = there）a　man.

"There stood a man in front of the tower. "

（8）a. Gestern　war es geschlossen.

Yesterday　was it closed.

"Yesterday it was closed. "

b. * Gestern　war（Ø = es）geschlossen.

Yesterday was（Ø = it）closed.

"Yesterday it was closed. "

（9）a. Gestern　regnete　es.

Yesterday rained　it.

"It rained yesterday. "

b. * Gestern　regnete（Ø = es）.

Yesterday rained（Ø = it）.

"It rained yesterday. "

　　如例（7）所示，形式主语 es 可以以非空主语形式出现［（7）－a］，也可以以空主语形式出现［（7）－b］。而例（8）中的指代型主语 es 和例（9）中的类论元主语 es 则只能以非空主语的形式出现［（8）－a；（9）－a］，而不能以空主语的形式出现［（8）－b；（9）－b］。

　　4. 篇章型代词脱落语言（discourse pro-drop language），又称激进型代词脱落语言（radical pro-drop language）

　　这类语言和典型空主语语言一样允许指代型空主语，同时缺乏非空的形式主语，而必须使用形式空主语。和典型空主语语言的一个区别是既允许空主语，也允许空宾语①。如以下日语句子所示，在这个句子中，主语和宾语都以空形式出现。

---

　　① 由于典型空主语语言中宾语和动词之间不存在形态一致要求，因此无法根据动词的词尾变化对宾语进行还原，所以一般认为典型空主语语言中不允许空宾语。然而一些研究者如里齐（1986b）等也指出，意大利语等语言中也存在空宾语的现象，如：

　　Questa musica rendeØ allegri.

　　"This music renders ＿ ＿ happy. "

　　但是这些空宾语相对于空主语来说受到的限制更为严格，篇幅所限本书中不具体展开。

（10）気に入った?

"Do (you) like (it)?"

篇章型空代词脱落语言和典型空主语语言的另一个区别是由于没有人称、数、性上的主谓一致性要求，代词的脱落与动词的形态变化无关。如以下韩语句子所示：

（11）인호가 승기를 칭찬할 때,Ø 미국에 있어요.

"When InHo praises SungGi, Ø is in America." （Kweon,
2011）

在这个句子中，从语法角度上，Ø 的指代对象既有可能是前一分句的主语 InHo 也有可能是前一分句的宾语 SungGi。读者可以根据篇章上下文对 Ø 的指代对象进行判断，而根据权（Kweon, 2011）对 12 个此类韩语句子所作的实验，81.1% 的被试选择主语作为 Ø 的指代对象，而只有18.9% 的被试选择宾语作为 Ø 的指代对象。这说明在篇章型空代词脱落语言中上下文中提供的信息往往可以帮助读者对脱落的代词的指代对象进行识别。

5. 部分空主语语言（partial NSL）

相对于前几种空主语语言的类别，部分空主语语言是一个最新划分出来的类别。这一类型语言的一个典型例子是芬兰语。在芬兰语中，只有第一人称和第二人称代词做指代型主语才可以在任意的上下文中自由脱落。而第三人称代词作为指示型主语时则只有在作为从句的主语时才可以脱落，且其作为空主语的指代对象受到限制。如以下芬兰语例句所示：

（12）Pekka väittää että hän/Ø puhuu englantia hyvin.

Pekka claims that he/Ø speaks English well. （Holmberg,
2010）

在这个句子中，只有当第三人称代词 hän 的指代对象为 Pekka 的时候才可以以空主语的形式出现，而当其指代对象为 Pekka 之外的其他人时，则不能以空主语形式出现。不同的部分空主语语言中，指代型空主语的使用可能会有不同的限制条件。如在希伯来语中，所有现在时态的句子中都不允许使用指代型空主语；而在过去时和将来时的句子中，指代型空主语的使用条件和芬兰语类似。而在第三人称代词脱落方面，希伯来语、巴西葡萄牙语、俄语、意第绪语等语言的情况和芬兰语类似，只有当空主语的指示对象可以根据该语言的规则被识别的时候，位于从句主语位置的第三人称代词才可以被脱落。

除了以上的限制条件外，部分空主语和典型空主语语言不同的另一个特点是泛指代词（generic pronoun）在做主语时可以且必须以空形式出现，如以下芬兰语例句所示：

(13) Ø Täällä ei saa polttaa.

Ø Here not may smoke.

"One can't smoke here." (Holmberg，2005)

而在典型空主语语言中则必须使用一个专门的附着词素（如意大利语中的 si）或者动词形式［如希腊语中的第三人称中动态（mediopassive）］来表达泛指代词的意思。

在这里，笔者以表2－1对这五种类型的空主语/代词脱落语言的属性进行一个更直观的对比。

表2－1　　　　　　　五种类型的空主语/代词脱落语言的属性对比

空主语类型	形式空主语	类论元空主语	指代型空主语	空宾语
篇章型代词脱落语言	√	√	√	√
典型空主语语言	√	√	√	×
部分空主语语言	√	√	*	×
形式空主语语言	√	×	×	×
非空主语语言	×	×	×	×

注：符号√表示在此类语言中允许此类空主语的使用，符号×表示此类语言中不允许此类空主语的使用，符号*表示此类语言中此类空主语的使用受到某些条件的限制。

按照表2－1中所显示的空主语/代词脱落自由程度的高低，可以把语言划分为以下五个层次①：

篇章型代词脱落语言 > 典型空主语语言 > 部分空主语语言 > 形式空主语语言 > 非空主语语言

　　这一空主语语言类型的划分体系是到目前为止最为成熟全面的一个划分体系，但是还是无法对所有的语言进行精确的归类。如在某些语言如德拉威语和印度雅利安语系语言中［将亥尔（Junghare，1985、1990）；莫哈南（Mohanan，1983）］，虽然有较为丰富的动词形态屈折变化，具有典型空主语语言的特点，但是代词的自由脱落往往与动词形态变化无关，而与篇章上下文有关，而且还允许宾语的自由脱落，因此同时具备篇章型代词脱落语言的特点。类似的还有土耳其语，因此对土耳其语的空主语语言类型的划分也存在一定的争议，在有些研究［赫姆伯格和希恩（Holberg & Sheehan，2010：127）］中被划分为典型空主语语言，而在另一些研究中则被认为是篇章型代词脱落语言［尼里曼和赞卓伊（Neeleman & Szendröi，2007）］。同时空主语语言和非空主语语言之间的界限也不是绝对化的，如赫姆伯格（2010：325）也意识到在一些非常受限的情况下，法语也具有明显的部分空主语语言的特征。此外还有一些特殊类型的语言，无法进行空主语语言类型的准确归类，如撒哈拉以南的非洲语言中，代词往往不出现在主语的位置上，情况相同的还有西太平洋地区的语言。而在北美和澳大利亚土著语言中，则是通过附着词素的方式来进行主语的表达［哈斯佩尔马斯（Haspelmath，2005）］。

　　吉利根（Gilligan，1987）搜集了104种语言的样本，发现有形态一致性屈折变化并且允许空主语的语言76种，他把这76种语言称为意大利型语言；允许空主语却没有形式一致性屈折变化的语言17种，称为汉语型语言；有形态一致性屈折变化却不允许空主语的语言两种，称为冰岛语型语言；缺乏形态一致性屈折变化且不允许空主语的语言9种，称为英语

---

　　①　这一代词脱落/空主语自由度由高至低的排序层级只能说明代词脱落/空主语使用范围的大小，并不完全代表空主语的使用频率高低。如 Kim（2000）通过实证研究发现汉语作为一种篇章型代词脱落语言，空主语使用频率低于作为典型空主语语言的意大利语以及具有部分空主语语言特点的巴西葡萄牙语。但是该研究也表明空主语语言和非空主语语言之间在空主语频率上的差别是显著的。

型语言，并得出世界上大多数的语言都允许某种类型的空主语的结论。这一观点也得到了哈斯佩尔马斯（2005）等人编写的《语言结构的世界地图》（*World Atlas of Language Structures*）的支持，该研究在674种有数据可查的语言中，发现409种允许省略主语，而只有77种不允许省略主语，其余的则属于混合类别或难以归类的类别。

在吉利根的研究的基础上，语言学研究者们针对世界上很多语言的空主语类型进行了大量的个案研究和对比研究。通过对这些研究的梳理可以发现以下规律。

地域和语系对语言的空主语类别有着明显的影响。总的来说，地域相近的，属于同一语系的语言，在空主语类别上也会比较接近。如篇章型代词脱落语言主要分布在东方语言中，除了东亚地区的汉语、日语、韩语外，东南亚地区的泰语、越南语、缅甸语、印尼语、高棉语、傈僳语、爪哇语等都属于篇章型代词脱落语言［曹逢甫（Sato，2011）］。而南亚地区的德拉威语和印度雅利安语系语言（包括印地乌尔都语、阿萨姆语、旁遮普语、孟加拉语、马拉地语等）虽然具有丰富的动词形态的屈折变化，但也允许篇章型代词脱落的发生［巴特（Butt，2001）］。

典型空主语语言主要分布在欧洲的罗曼斯语系（Romance languages），包括意大利语、西班牙语、加泰罗尼亚语、希腊语、欧洲葡萄牙语、罗马尼亚语、阿尔巴尼亚语［卡鲁里（Kallulli，1999）］等。

中东地区的主要语言中，阿拉伯语［肯斯托维茨（Kenstowicz，1989）］、波斯语［赛迪希（Sedighi，2010）］属于典型空主语语言，而土耳其语虽然也允许篇章型代词脱落的发生，但是其丰富的动词形态屈折变化和所引起的空主语还是具备典型空主语语言的特点。希伯来语属于部分空主语语言。这些语言的共同特点是都允许指代型空主语的存在。

欧洲的日耳曼语系（Germanic languages）中，德语和荷兰语属于形式空主语语言，英语、挪威语、瑞典语、丹麦语等则属于非空主语语言，这些语言的共同特点是都不允许指代型空主语现象。除此之外，西非地区的语言也普遍属于非空主语语言。

但是这一根据语系的空主语语言类型的划分并不是绝对的，而是出现了一些特例。如法语虽然属于罗曼斯语系，但却对空主语的使用有严格的限制，属于非空主语语言。而在斯拉夫语系（Slavic languages）中则存在空主语语言类型的分裂。基布里克（Kibrik，2004）考察了斯拉夫语系中的一些主要语言中的空主语现象后发现，斯拉夫语系的西南分支中的波兰语、捷克语斯洛伐克语、保加利亚语、马其顿语、塞尔维亚语、克罗地亚语、斯洛文尼亚语在空主语的使用上表现出了和西班牙语和意大利语等罗曼斯语系的语言相近的特点，属于典型空主语语言；而拥有相近语法体系的俄语则对空主语的使用有较为严格的限制，更偏向于非空主语语言，一些学者也将其归类为部分空主语语言。和俄语情况类似的还有同属东斯拉夫分支的乌克兰语和白俄罗斯语。

　　国际上的语言学研究者们对空主语现象展开了广泛且深入的研究，研究成果涉及语言类型学、语言形态学、对比语言学、语言习得、语言历时研究等多个领域。其中大部分的研究针对的是欧洲语言以及欧洲语言的变体中的空主语现象。而对以汉语为代表的东方语言，主要是篇章型代词脱落语言中的空主语现象的研究还较为少见。因此，未来国内的研究者们有必要在这一领域开展更多的研究，从跨语言的视角深入研究汉语空主语的类型学特点。

第二节　汉语零形回指的分类与分布

一　汉语零形回指的分类

　　在介绍汉语零形回指的分类之前，有必要首先介绍本节中"句子"的概念。我们把"句子"分成完整句和小句两个概念。在这里进行汉语零形回指划分时所指的句子，实际指的是口语中有语音停顿，书面中有点号标记的主谓结构（含主语或宾语为零形式的情形），也就是所谓的"小句"而非完整的句子。陈平（1987）对小句的定义是"以标点符号为标记，把用逗号、句号、问号等断开的语段算作小句"。在本书中，我们以一个主谓结构（包括主语为零形式）为划分篇章小句的主要标准，以用标点符号实现的停顿为划分篇章小句的次要标准。我们所说的小句指的是包含至少一个动词（包括形容词谓语）的语法单元，可以由名词充当谓语的直接宾语论元，也可以没有谓语的宾语。一个小句中可以包含其他以某种形式对谓语进行修饰的名词成分，如表示时间、方式、地点的短语中的名词成分，但是这些成分由于没有和谓词发生直接的关系，因此不是谓语的论元。

在例（14）中，整个语篇片段从语法概念上来说是一个完整的句子，但是是由五个小句构成的：

（14）a. 我的活力这时大概有些凝滞了，b. Ø 坐着没有动，c. Ø 也没有想，d. Ø 直到看见分驻所里走出一个巡警，e. Ø 才下了车。①

根据零形回指和它的先行语是否在同一个小句结构中，零形回指可以分为句内零形回指（Intra-sentential Zero Anaphora）和句间零形回指（Inter-sentential Zero Anaphora）。根据李和汤普森（1981），在汉语中，句内零形回指主要出现在主题化的句子中，如以下例句所示：

（15）这个结果我早就想到 Ø 了。

在例（15）中，零形回指语和它的先行语"这个结果"位于同一个小句结构中，所以它们是句内零形回指。汉语中主题化的句子只占很小的一部分，因此零形回指以句间零形回指为主。

而根据包含回指语的语句是否紧跟含有它的先行语的语句，句间零形回指可以进一步分为邻近零形回指（Immediate Zero Anaphora）和长距离零形回指（Long Distance Zero Anaphora）。如以下例句所示：

（16）a.　　叔齐只得接了瓦罐，

b.　　$Ø_1$ 做好做歹地硬劝伯夷喝了一口半 $Ø_2$，

c.　余下的还很多，

d.　　$Ø_1$ 便说自己也正在胃气痛，

e.　　$Ø_1$ 统统喝掉 $Ø_2$ 了。②

在以上这段话中，b 小句中 $Ø_1$ 的先行语是 a 小句中的"叔齐"，零形回指语和先行语位于紧邻的小句中，因此属于邻近零形回指。而 d、e 这两个小句中的 $Ø_1$ 和其先行语"叔齐"距离较远，且中间还隔着 c 小句的

---

① 摘自鲁迅《一件小事》。

② 摘自鲁迅《故事新编：采薇》。

主语"余下的"，因此属于长距离零形回指。

根据零形回指语在句中的位置，可以分为零形回指语做主语和零形回指语做宾语。在例（16）中，$\emptyset_1$ 为零形回指语做主语，而 $\emptyset_2$ 则是零形回指语做宾语，其先行语为上文中出现过的"姜汤"。

根据零形回指语的先行语在句中的位置，可以分为先行语做主语［如例（17）所示］，先行语做主语修饰语［如例（18）所示］，先行语做宾语［如例（19）所示］，先行语做兼语［如例（20）所示］，先行语做宾语从句的主语［如例（21）所示］等。

（17）他高高地应了一声，（$\emptyset$＝他）跃身钻进波涛滚滚的海水里。

（18）她的脸红一阵白一阵，（$\emptyset$＝她）不知说什么好。

（19）吓他一跳的是那张汉子的脸，（$\emptyset$＝脸）分明是一张拼贴画。

（20）他这两句话说得老头儿回去睡不着，（$\emptyset$＝老头儿）老是提心吊胆的。

（21）他从几句话中看出来四爷是内行，（$\emptyset$＝四爷）绝对不会把他的"献金"随便被别人赚了去。①

二　汉语零形回指分布的语料库统计

作为一种篇章型代词脱落语言，汉语需要大量依靠零形回指的方式来实现篇章的语义衔接和连贯。根据胡钦谙（2008）对汉语叙事型文章的统计，汉语语篇中零形回指的使用频率占所有指称形式的将近20%，可见零形回指是汉语中一个使用频率很高的回指形式。近年来，随着语料库语言学的兴起，众多语言学研究者们对汉语中的零形回指现象进行了大量的语料库统计研究。在这些研究中，研究者们主要关心的研究对象包括：①零形回指语的语法角色；②零形回指先行语的语法角色；③零形回指语和先行语的距离分布，其他研究对象还包括零形回指语和先行语的对应关系等。以下将对目前的研究中关于前三个主要研究对象的一些有代表性的

---

① 例（17）—例（21）转引自吴竞存、梁伯枢（1992）。

统计结果进行一个多样本对比，以获得对汉语零形回指的使用和分布情况的更全面的了解。所选取的统计数据分别来自胡钦谙（2008）、蒋平（2004a）、侯敏等（2005）、许余龙（2003）、殷国光等（2009）的研究。胡钦谙的数据来自一个包括了46篇叙事型文章，5543个零形回指的例子的汉语语料库；蒋平的数据来自一个包括58689字、2132个零形回指例子的汉语语料库；侯敏等人的数据来自叙述文体中搜集到的618个汉语零形回指的例子；许余龙的数据来自一个包括了18篇民间故事、690个零形回指例子的汉语语料库；殷国光等的数据来自《左传·隐公》中搜集到的322个零形回指的例子。

1. 零形回指语的语法角色

零形回指语在汉语句子中可以承担的基本语法角色包括主语和宾语两项。很多研究者在这两个基本语义角色之外，还统计了零形回指语可以承担的一些其他的语法角色。如蒋平和胡钦谙引入主题的概念，将其列为一个独立的语法功能成分，蒋平将主语修饰语和主语分离开，胡钦谙将前置宾语与宾语分离开，分别进行独立统计。在这里，我们选取分别来自胡钦谙、蒋平、侯敏的三份统计数据，将他们统计的零形回指语的语法角色分布进行数据汇总，结果如表2-2所示。其中数据1代表胡钦谙的统计数据，数据2代表蒋平的统计数据，数据3代表侯敏的统计数据。为了简化数据，我们将胡钦谙统计中的前置宾语项与宾语项进行了合并。

表2-2　　　　零形回指语的语法角色分布的语料库统计数据表

分布情况　　　语法角色	数据 1		数据 2		数据 3	
	数量	比例	数量	比例	数量	比例
主题	67	1.21%	136	6.38%		
主语	4955	89.39%	1829	85.79%	577	93.4%
主语修饰语			9	0.42%		
宾语	521	9.4%	158	7.41%	41	6.6%
总计	5543	100%	2132	100%	618	100%

表2-2显示，在不同来源的三组数据中，回指语作为句子主语的情况都占绝对多数，且在百分比上相差很小，分别为89.39%、85.79%、93.4%。而零形回指语可以承担的其他语法角色主要是宾语和主题。对于汉语中的"主题"概念，我们将会在第四章第一节"四"中进行介绍。

2. 零形回指先行语的语法角色

零形回指先行语在汉语句子中可以承担的基本语法角色包括主语和宾语两项。除此之外，研究者们还统计了一些有别于典型意义上的主语和宾语的其他可以充当零形回指先行语的成分，包括主题、主语修饰语、宾语修饰语、旁语、合指和小句、述语和注释。在这里，我们选取分别来自胡钦谙、蒋平、殷国光的三份统计数据，将他们统计的零形回指先行语的语法角色分布进行数据汇总，结果如表2－3所示。其中数据1代表胡钦谙的统计数据，数据2代表蒋平的统计数据，数据3代表殷国光的统计数据。为了简化数据，我们将胡钦谙的数据中前置宾语和后置宾语的例子并入宾语中，将三份数据中主题、主语、宾语之外的其他成分都归类到"其他"中。

表2－3　　零形回指先行语的语法角色分布的语料库统计数据表

分布情况 语法角色	数据1		数据2		数据3	
	数量	比例	数量	比例	数量	比例
主题	343	6.88%	113	5.3%		
主语	3283	65.88%	1711	80.25%	224	81.6%
宾语	1343	26.95%	264	12.38%	26	9.5%
其他	14	0.28%	44	2.06%	24	8.9%
总计	4983	100%	2132	100%	274	100%

表2－3显示，在不同来源的三组数据中，零形回指先行语由句子主语承担的情况都占多数，且在百分比上相差不大，分别为65.88%、80.25%、81.6%。除了主语外，可以做零形回指先行语的成分主要是句子宾语，分别占26.95%、12.38%、9.5%。此外在胡钦谙和蒋平的数据中，先行语为句子主题也占了少量的比例，分别为6.88%和5.3%。而其他成分作为零形回指先行语的情况，特别是在前两个现代汉语的语料中，则非常少。其中在蒋平的数据2中的44个先行语为"其他"的例子中，先行语为主语修饰语的例子为36例，先行语为旁语的例子为3例，先行语为宾语修饰语的例子为5例。殷国光的24个先行语为"其他"的例子包括1例定语，4例补语，15例合指，4例小句。胡钦谙的14个先行语为"其他"的例子包括13例述语和1例注释。

3. 零形回指语和先行语之间的回指距离

回指语和先行语之间的回指距离可以用间隔的名词数量、间隔的整句数量、间隔的小句数量等参数进行计算。其中间隔的整句数量是最常用的参数。我们选取分别来自胡钦谙、蒋平、许余龙的三份统计数据，将他们统计的零形回指语和先行语之间间隔的整句数量进行数据汇总，结果如表2－4所示。其中数据1代表胡钦谙的统计数据，数据2代表蒋平的统计数据，数据3代表许余龙的统计数据。

表2－4　　零形回指语和先行语之间的距离分布的语料库统计数据表

分布情况 间隔整句数	数据1		数据2		数据3	
	数量	比例	数量	比例	数量	比例
0	4381	88.17%	1979	92.82%	630	91.7%
1	470	9.46%	139	6.52%	60	8.3%
>2	118	2.37%	14	0.56%		
总计	4969	100%	2132	100%	690	100%

表2－4显示，在不同来源的三组数据中，间隔整句数量为0的情况都占绝对多数，且在百分比上相差很小，分别为88.17%，92.82%，91.7%。零形回指的使用数量随着回指距离的增加明显减少。这说明大多数的零形回指的回指语和先行语都出现在同一个完整句子中是汉语的一个普遍的规律。

除此之外，胡钦谙还以间隔名词短语数量为参数统计了先行语和零形回指语的距离分布，结果表明：在汉语语篇的零形回指中，零形回指先行语和回指语之间线性距离为1，也就是它们紧邻着的情况是最多的，占41.36%；其次是线性距离为2也就是先行语和回指语之间间隔另一个名词短语的情况，占28.03%；线性距离为3也就是间隔两个名词短语的情况占11.99%。随着间隔短语数量的增多，零形回指的分布频率逐渐降低，但是线性距离为3以上的情况还是有将近20%。这说明，名词短语间隔距离虽然确实也同样影响着先行语的可及性，但是这种影响力却并不如句子间隔距离对先行语可及性的影响大。

从以上统计结果看出，不同类型零形回指在汉语篇章中的分布具有很强的不均衡性和倾向性。回指语做主语以及先行语为主语的比例远高于其他形式。这种主语的突出地位不仅出现在汉语中，在其他语言中也是一个普遍规律。同时先行语为宾语的情况也占有一定的比例，这与英语等很多其他语言是不同的。主语作为零形回指先行语的突出地位的原因是什么？汉语中为何宾语位置的实体也经常可以充当零形回指的先行语？汉语中的主题究竟指的是什么？先行语的选择是否是任意的，还是受到某些条件的限制的？作为对这些问题的回答，在本书中，我们将对影响汉语零形回指的认知因素展开讨论。

考虑到邻近零形回指以及零形回指语为主语在汉语零形回指中占据的绝对优势比例，本研究将针对零形回指语出现在主语位置，并且零形回指语和先行语处在同一个完整句子中的相邻小句中的情况进行讨论。其基本形式可以表述为 S = S1 + Ø S2，其中 Ø 的先行语在 S1 中。由于零形回指的认知机制是以人们认识世界的心理机制为基础的，而这种心理机制又具有普遍性和可类推性，所以我们认为零形回指语出现在其他位置以及零形回指语和先行语不处在同一个完整句子中的情况也将受到类似的认知机制的影响。

第三节　本章小结

在本章中，我们首先对和零形回指密切相关的代词脱落（空主语）现象进行了跨语言视角的介绍，包括空主语语言的类型划分和地域分布。按照空主语自由程度的高低，可以把语言划分为以下五个层次：篇章空主语语言 > 典型空主语语言 > 部分空主语语言 > 形式空主语语言 > 非空主语语言。地域和语系对语言的空主语类别有着明显的影响，但是根据语系对空主语语言类型的划分并不是绝对的，而是出现了一些特例。

其次，对汉语中零形回指的分类进行了介绍。根据零形回指和它的先行语是否在同一个小句结构中，零形回指可以分为句内零形回指和句间零形回指。根据包含回指语的语句是否紧跟含有它的先行语的语句，句间零形回指可以进一步分为邻近零形回指和长距离零形回指。根据零形回指语在句中的位置，可以分为零形回指语做主语和零形回指语做宾语。根据零形回指语的先行语在句中的位置，可以分为先行语做主语，先行语做主语修饰语，先行语做宾语，先行语做兼语，先行语做宾语从句的主语等。

最后，通过对前人的语料库统计结果进行汇总的方法，总结出了零形回指在汉语中的分布规律，并以此为依据划定了本书的研究范围。根据数据汇总的结果，邻近零形回指以及零形回指语为主语在汉语零形指代中占据绝对优势比例。因此本研究将主要针对零形回指语出现在主语位置，并且零形回指语和先行语处在同一个完整句子中的相邻小句的情况进行讨论。以此为研究对象得出的零形回指的认知机制将会普遍适用于更多本书所未能涉及的情形中。

第三章

回指研究的相关理论

在第一章第二节所作的对汉语零形回指的相关研究的综述中，我们介绍了一些以西方语言学理论为基础的研究，这些理论包括可及性理论、向心理论、认知参照点理论。除此之外，在对汉语中的其他回指现象进行研究时，另一个西方语言学理论——语篇表征理论也受到了广泛的关注。在本章中，我们将对这四个回指研究的相关理论逐一进行介绍，并对它们在汉语零形回指中的应用价值和不足之处展开分析。

第一节 可及性理论

可及性（accessibility）是一个从心理学中借用来的心理语言学概念，通常指一个人在说话时，大脑记忆系统中提取一个语言或记忆单位的便捷程度。在所有可及性的研究中，阿里尔（Ariel，1988；1990）的理论尤其具有代表性。自从她的理论发表以来，可及性研究日益受到重视，并被广泛应用在指称形式的研究中。以下我们将对可及性理论的内容进行介绍，并对该理论在回指研究中的应用展开探讨。

一 可及性理论的内容

阿里尔的可及性理论的建立主要参照了三种既有理论：关联理论（Relevance Theory）、语境的地理观（geographical view of a context）和有关记忆结构的平行分布处理理论（Parallel Distributed Processing）。关联理论认为，语句的理解需要参照语境。在理解语句的时候，交际者需要在语境效果的丰富度和语境选择的耗力度两者之间寻找一个平衡点，在尽可能省力的情况下达成最大的语境效果。这就是所谓的最佳关联原则。语境的地理观认为，语境可以依其物理属性被划分成三类：①百科语境（Encyclopaedic Knowledge），就是存在于长期记忆中的百科知识库；② 物理语境（Physical Environment），就是交际行为发生的当前物理环境；③ 语言语境（Linguistic Context），就是语篇的上下文。记忆的平行分布处理理论认为人脑中独立的记忆模块是不存在的，存在的只是概念实体的激活状态，以及概念和概念之间的联系状态。

阿里尔以上三个理论为基石创立了可及性理论。根据可及性理论，选择什么样的语境不是全部由受话者自行决定的，而是从语言符号中获得如何选择恰当语境的提示或指令。这样，可及性成为回指语语义编码的一部分，而回指语作为一个标示系统，标示了回指语所指对象的可及性。由于回指语所指的对象实体在心理空间中存在着可及度的差异，它们在记忆中被激活的程度不同，其在心理空间中的凸显程度也不同，因此提取这些先行概念需要付出的努力程度也不同，而回指语之间的形式差异正是这种可及度差异的反映，因此回指语实际上可以被看作不同可及度的标示。阿里尔 将回指语分为三大类可及性标示语：①专有名词和有定描述语是低可及性标示语（low accessibility marker）；②指示词是中可及性标示语（medium accessibility marker）；③代词及其零形回指是高可及性标示语（high accessibility marker）。专有名词和有定描述语所承载的信息量最大、形式最复杂，其对应的对象实体可及性也较低；而人称代词和零形代词形式简单，所承载的信息量较少，所对应的对象实体可及性也较高。指示词介乎两者之间。她还认为，可及性差异不仅存在于三大类回指语中，也存在于各类回指语内部的细分类中。回指语的高、中、低三分只是一个大致描述。事实上，可及性差异是一个连续的等级序列，渗透在回指语体系的各个层次。回指语选择的细微差异实际上也体现着它们可及性的差异。具体来说，她把各种回指语对应的实体的可及性程度划分为以下等级（< 表示由低到高）：

> 全名 + 修饰语 < 全名 < 长有定描述 < 短有定描述 < 姓 < 名 < 远称指示词 + 修饰语 < 近称指示词 + 修饰语 < 远称指示词 + 名词短语 < 近称指示词 + 名词短语 < 远称指示词 < 近称指示词 < 重读代词 + 手势 < 重读代词 < 代词 < 缩略代词 < 零形式（阿里尔，1990：73）

至于可及性的成因，阿里尔认为，对象实体在心理空间中可及度的差异取决于四个因素：①距离（distance）；②竞争性（competition）；③显著性（saliency）；④一致性（unity）。所谓距离，就是先行语与回指词之间间隔的空间距离，一般以间隔的小句数量来测量；所谓竞争性，就是语境中潜在的可作为回指对象的概念实体的数量；所谓显著性，就是对象实体在句子和语篇中的中心地位，一般表现为其反复被提及的频率，比如作为语篇主题的概念实体一般会在语篇中被反复提及，是贯穿多个语句甚至段落的中心，因此具有高显著性；所谓一致性，就是先行语是否与回指语同处一个相同的认知心理框架/世界/观点/语篇片段或段落中（阿里尔1990：28—29）。

在这四种因素中，阿里尔把距离因素作为决定先行语可及性的主要因素。事实上，阿里尔关于可及性的统计研究也主要是建立在距离因素的基础上的。

二　可及性理论在汉语零形回指研究中的应用

可及性理论的一个主要的贡献就是把原先对回指的关联理论、语境、记忆等理论性解释用参数化的形式表述了出来，不仅让人们对不同回指形式间的对比有了一个直观的认识，而且还为后续的回指研究的实证化研究奠定了基础。国内的语言学研究者们以可及性理论为基础对汉语语料中的回指现象作了大量的理论探讨和统计分析。陈平（1986；1987）重点研究了连续性对于代词和零形代词之间差异的影响，认为代词与零形代词的差异主要在于标示不同程度的连续性，并提出了先行语的"启后性"这一概念，认为先行语的"启后性"是决定连续性高低的重要因素，与回指语的"承前性"共同决定了连续性的强弱。许余龙（2004）的研究显示：不同的先行语标示了对象实体不同的主题性，与回指语对象实体的可及性标示形成呼应，共同完成帮助确认对象实体的任务。徐赳赳（2003）以汉语语料为基础，对零形代词与连续性的关系作了细致的统计。蒋平（2004a）在阿里尔的可及性理论的基础上，结合对汉语语料的研究与分析，提出可及性理论所涉及因素外的其他影响因素，它们是位置（包括间隔指称语的位置、先行语和回指语的占位）、层次性和生命性。

距离、一致性、竞争性和显著性这四个影响可及性的因素是阿里尔对可及性概念的阐述最有价值的地方，从认知的角度对回指语形式多样性的成因给予了系统的解释，是回指研究朝着认知方向发展的一大进步。然而要对零形回指的认知机制进行系统性解释，可及性理论对这四个因素的研究还是存在以下的局限性。

（一）"距离"因素的研究不全面

阿里尔在研究决定先行语可及性的距离因素时，主要考察的是先行语和回指语之间间隔的空间距离，或者说是线性距离。然而福克斯（Fox，1987）、汤姆林（Tomlin，1987）等人的实际的语料分析证明：线性距离和不同的回指语的选择使用没有绝对的对应关系。语篇中存在大量回指语的形式选择与线性距离要求不对应的现象，如线性距离近的实体的指称可能使用名词短语，线性距离远的反而可能使用代词［赫克（Hoek，1997）］。因此虽然线性距离和回指语选择的确有着统计上的大致的对应关系，却不能认定线性距离就是决定先行语可及性的主要因素，还有待于进一步的研究。

（二）"一致性"因素的概念不够明晰

阿里尔将一致性笼统地定义为"先行语是否与回指语同处一个相同的认知心理框架/世界/观点/语篇片段或段落中"。然而"相同的认知心理框架/世界/观点"指的究竟是什么？阿里尔并没有在可及性理论中进行说明。而且用"一致性"来描述先行语和回指语之间的关系似乎并不够准确全面，事实上在很多情况下，只要先行语和回指语之间具有某种"概念关联性"，而并不需要具有"一致性"，两者之间的照应关系就可以成立。而相同的"语篇片段或段落"，似乎更应该被归入"距离"因素中，而和"一致性"关系不大。

（三）"显著性"和"竞争性"参数的形式化程度不够

阿里尔将显著性定义为"对象实体在句子和语篇中的中心地位，一般表现为其反复被提及的频率，比如作为语篇主题的概念实体一般会在语篇中被反复提及，是贯穿多个语句甚至段落的中心"。然而在一个信息单位中经常有不止一个概念实体可以作为某种语境下的中心，特别是在作为意合型语言的汉语中，这种现象更为普遍。阿里尔也注意到了这一问题，并引入"竞争性"这一概念，将其定义为"语境中潜在的可作为回指对象的概念实体的数量"，然而这种竞争性只是从数量上进行衡量的，而未能从概念实体的内在属性上进行衡量。当一个句子或语篇中有多个中心可以作为潜在的可作为回指对象的概念实体时，这些概念实体间的显著性大小如何判断？当距离因素和一致性因素无法对概念实体的可及性进行区分时，是否可以通过对"显著性"和"竞争性"参数的形式化分析来对竞争的概念实体的可及性进行排序？这些问题都是可及性理论所无法回答的。

鉴于以上原因，在实际的语篇中，很难以可及性理论为指导对概念实体进行精确的可及性判断。因此可及性理论无法直接应用在回指解析的研究中，也无法对零形回指的认知机制进行全面完整的解释。然而可及性理论提出的这些可及性因素对于我们对更多的回指认知因素的考察具有很好的启发性，在本研究中我们将把可及性理论提出的可及性因素和其他理论提出的认知因素进行结合，提出一套更为完整的可形式化的零形回指的认知机制。

第二节　向心理论

向心理论（Centering Theory）[参见格罗斯等（1995）]是 20 世纪 80 年代初发展起来的一个研究语篇连贯和显著性的计算语言学理论。该理论研究的是语篇的注意焦点、指称方式的选择和语篇连贯性之间的关系，利用"中心"这一概念对语篇的连贯性进行了解析。这一理论出现后，已被广泛地运用于语篇分析、语篇的计算机处理和句法分析等研究领域。以下我们将对向心理论的内容进行介绍，并对该理论在回指研究中的应用展开探讨。

一　向心理论的内容

向心理论综合了两个语篇模式：语篇向心模式（Discourse Centering Model）和语篇聚焦模式（Discourse Focusing Model）。语篇向心模式涉及语篇推理的语法制约问题，主要指的是语篇所具有的一元倾向（monadic tendency），即语篇倾向于围绕一个实体展开。语篇聚焦模式探讨语篇的注意焦点，涉及语篇结构以及与语篇参与者的意向、注意和语言选择相联系的意义问题。

在向心理论中，语篇是由语篇片段构成的，每个片段都是语篇模型的一部分。中心是指维系语篇片段中当前话语同其他话语的实体，只有在语篇中的话语而非孤立的句子才有中心可言。所以中心是一个语篇建构，同时又是一种语义实体。具体来讲语篇片段中的每个话语 U_i 包含一个按凸显度大小部分排序（partially ordered）的下指中心集（forward looking centers，简称 C_f），记为 C_f（U_i）。其中凸显度是知觉心理学的一个基本概念，凸显的实体是容易吸引人注意的事物，是容易识别、处理和记忆的事物。语段 U_i 中话语参与者的注意中心，类似于通常所说的主题，称为回指中心（backward looking center，简称 C_b），记为 C_b（U_i）。回指中心只有一个，它使当前话语同前一话语相联系。一般来说 C_f（U_n）中包含 U_i 中所有被提及的实体，其中包括 C_b（U_i）。下指中心按其凸显度呈等级排列。下指中心中凸显度最高的成分被称作优选中心（preferred center，简称 C_p），代表下一个语段的潜在回指中心。英语中下指中心的凸显度按其语法角色呈等级排列如下：

> 主语 > 直接宾语 > 间接宾语 > 介词宾语

一般来说主语的凸显度大于动词宾语，动词宾语的凸显度大于介词宾语或其他功能成分。在动词宾语中直接宾语的凸显度大于间接宾语的凸显度。

一对相邻话语 U_{i-1} 和 U_i 有三种中心过渡（transition）关系，分别是中心连续（center continuation）、中心保持（center retaining）和中心转移（center shift）。中心过渡方式的划分基于两个因素：U_{i-1} 的回指中心 C_b（U_{i-1}）和 U_i 的回指中心 C_b（U_i）是否相同；U_i 的回指中心 C_b（U_i）是否与 U_i 的优选中心 C_p（U_i）相同，如下所示：

> 中心连续：C_b（U_{i-1}）$= C_b$（U_i）$= C_p$（U_i）
>
> 中心保持：C_b（U_{i-1}）$= C_b$（U_i）$\neq C_p$（U_i）
>
> 中心转移：C_b（U_{i-1}）$\neq C_b$（U_i）

布伦南等（Brennan et al.，1987）在向心理论的基础上提出了代词解释算法（Pronoun Interpretation Algorithm），认为可以运用向心理论的两个规则来预测代词指称。在该算法中，把中心转移关系又细分为流畅转移（smooth-shift）和非流畅转移（rough-shift）两种关系。这样向心理论中相邻话语间就形成了以下四种过渡关系：

	C_b（U_{i-1}）$= C_b$（U_i）	C_b（U_{i-1}）$\neq C_b$（U_i）
C_b（U_i）$= C_p$（U_i）	连续	流畅转移
C_b（U_i）$\neq C_p$（U_i）	保持	非流畅转移

除此之外，向心理论还包括三个制约条件和两条规则。

制约条件：

对于语篇片段 U_1，…，U_n 中的话语 Ui 来说：

1. 只有一个前指中心 C_b；

2. 下指中心集 C_f（U_i）中的每一个成分都必须在 Ui 体现；

3. C_b（U_i）在 C_f（U_{i-1}）中体现的成分中显著度最高。

规则：

对于语篇片段 U_1，…，U_n 中的话语 Ui 来说：

规则 1 若 C_f（U_{i-1}）在的某一个成分在 U_i 中体现为代词，则 U_i 的回指中心 C_b（U_i）也必须体现为代词。

规则 2 过渡状态按以下顺序排列：

连续 > 保持 > 转移

其中规则 2 中的过渡状态被布伦南等重新表述为：

连续 > 保持 > 流畅转移 > 非流畅转移

二　向心理论在汉语零形回指研究中的应用

早期的向心理论研究多以英语语篇为研究对象，随后向心理论受到了中国语言学研究者的重视，开始将其应用在汉语语篇的分析中。向心理论相比较可及性理论在回指解析的研究上具有更强的实用性，这主要是因为向心理论作为一种计算语言学理论相对于作为心理语言学理论的可及性理论来说形式化程度更高，参数设置更严密。如可及性理论中对于"显著性"只用了概念并不够明晰的中心性作为评定的标准，而向心理论则提出了根据语法角色排序的凸显性序列，比单纯的"中心"这一概念更明确更易于参数化研究。此外可及性理论在语义关系制约条件方面用的是"一致性"的概念，而向心理论则提出了"连续""保持""转移"等多种语义关系，相比"一致性"更加全面。鉴于向心理论的这些优势，在目前的回指解析的研究中，向心理论是最主要采用的研究方法。然而，由于汉语和英语在语言体系上的差异性，基于英语语料的向心理论在应用于汉语语料的解析中存在一些问题，为此国内研究者们在利用向心理论进行汉语的零形回指研究时对向心理论进行了一定程度的修正。

首先，向心理论只描述了同代词相关的局部聚焦，仅讨论了某一语篇片段内代词的使用制约，而没有规定零形回指的使用条件。而根据李丛禾（2007）为了初步验证向心理论在汉语自然语篇中的体现所作的小规模语料库统计，在451例用来体现回指中心的指称语中，零形式共有314例，占全部指称语的69.6%；代词次之，有74例，占总数的16.4%；最少的是名词短语，占13.9%。由此可见，汉语中的回指中心的偏好次序为：零形式 > 代词 > 名词短语，所以汉语中的C_b典型地体现为零形式。考虑到零形回指形式在汉语语篇中的普遍性，许宁云（2006）将向心理论中的规则1改为："对于由U_1，…，U_m组成的语篇片段中的每一个语段U_i，若下指中心集C_f（U_i）中的任一成分在下一语段$U_{（i+1）}$中被实现为零形代词或代词，且该语段中无其他指称形式占据比它更高的语法位置，则下一语段的回指中心C_b（U_{n+1}）也必须分别实现为零形代词或代词。"

　　其次，在向心理论中，C_f排序主要是由语法角色层级决定的，即主语要排在宾语的前面。然而，人们考察了各种语言中的C_f排序问题后却发现C_f排序因语言而异，是由各种语言本身特有的特点和规律决定的。李和汤普森（1981：15）认为，在对汉语的描述中，除了主语和宾语外，还有主题的概念，这是汉语句子结构最突出的特征之一，也是把汉语同其他语言区分开来的特征之一。因为主题在汉语语法中的重要性，汉语可以被称为"主题突出型语言"，主题位置上的实体的突出性一般来说是最强的。因此，主题位置上的实体在C_f排序中应该排在首位。王德亮（2004）根据汉语中的语法角色和主题的突出性，以向心理论模型、句内向心假设以及宏观上指中心列表理论为基础，归纳出汉语的C_f排序原则：

主题 > 主语 > 宾语 > 其他

　　在此基础上，王德亮（2004）提出了一套汉语零形主语回指解析算法。该解析算法的主要思路是：如果一个语句U_i中存在零形式，则找出语篇中前一语句U_{i-1}中的C_f，把U_{i-1}中的C_f根据汉语C_f排序规则进行排序，根据共指抵触限制、谓语选择限制、词汇语义限制等限制条件核查C_f序列，把不合格的C_f剔除；通过核查后的C_f序列中排列最靠前的C_f就是U_i中零形主语的先行语。

　　段嫚娟等（2009）认为王德亮的这些排序只考虑了主要的语法角色，没有确定真实文本中其他语法角色的排序，因此提出语法角色的显著性可以分为三个等级：第一等级是主题、主语以及存现句中存现动词引导的名词短语及其修饰语；第二等级是焦点成分、直接宾语、间接宾语及其修饰语；第三等级是旁语、状语及其修饰语，并在此基础上提出了六个基于向心理论的回指消解算法。

　　基于向心理论的汉语零形回指的消解策略研究已经取得了一定的突破，但这一理论在实际应用到具体的语篇的时候还存在诸多方面的问题，主要体现在以下三个方面。

（一）"主题"概念的实用性不强

　　虽然汉语被认为是主题显著的语言，但如何确定汉语句子中的主题似乎还没有取得一致公认的意见。李和汤普森（1981）认为汉语主题的句子成分只局限于那些与句中的动词只有模糊的"关于性"（aboutness）关系的名词短语，以及那些主题化了的名词短语。而许余龙（2004）则认为，主位的概念组成部分中可以含有一个以上的成分，包括一个以上的主题。如在以下这个句子中：

　　（22）象鼻子长。

　　根据李和汤普森（1981）的分析，例（22）中的"象"是主题，"鼻子"是主语，而许余龙则认为这个句子由主题"象"和述题"鼻子长"构成，而述题本身又含有一个主题"鼻子"和一个述题"长"。

　　另一个对"主题"概念展开研究的学者是曹逢甫（1990）。他将所有动词前的成分，如表达时间、地点、方式、原因、比较、工具等的短语，都处理为主题。而许余龙则认为只有动词前表达动作过程参与者的名词短语才应被视为句子主题。

　　一个句子的主题到底如何确定？所有的汉语句子都有主题吗？主题和主语可以是一个成分吗？一个句子是否只能有一个主题还是可以有多个主题？到目前为止，对这些问题的答案尚未有定论。主题的判断并没有一个统一而明确的形式标准以供参考。因此王德亮（2004）提出的"主题 > 主语 > 宾语 > 其他"的 C_f 序列还缺乏足够的实用性。

（二）C_f 排序的语义因素未充分考察

　　王德亮（2004）的 C_f 序列中除了在原始的向心理论模型中的 C_f 序列中添加了"主题"的位置外，对其他影响 C_f 排序的语义因素未作考察。段嫚娟等（2009）除了提出"焦点成分"这一不模糊的概念，以及将存现句中存现动词引导的名词短语及其修饰语置于显著性等级的第一等级外，对其他的语义因素也未涉及。事实上，存现结构并非影响 C_f 排序的唯一语义因素，如以下例子所示：

（23）他把我吓了一跳，Ø 差点叫出声来。

例（23）中的 U_{i-1} 的主语是"他"，主语之外没有明显的其他成分作为主题。根据共指抵触限制、谓语选择限制、词汇语义限制，都无法剔除"他"作为 U_{i-1} 的下指中心。因此根据基于向心理论模型的消解算法，该句中的零形主语的先行语应为"他"。而根据上下文语境，该句中零形主语的先行语应为"我"。造成"把"的宾语"我"凸显出来的主要原因是致使性"把"字句的构式语义，而基于语法角色的 C_f 序列对这样的句子显然缺乏足够的解释力。

（三）无法解决包含内嵌小句结构中的 C_f 排序

无论是王德亮的"主题 > 主语 > 宾语 > 其他"的 C_f 排序还是段嫚娟等的三个等级的语法角色显著性排序，都只考虑了句中只有一个主谓结构的情况，而无法解决包含内嵌小句结构如从句宾语句结构和兼语句结构中 C_f 排序的问题。如以下例句所示：

（24）我希望你能忘记上次的失败，Ø 重新振作起来。
（25）小明让小东帮他写作业，Ø 付给他 100 块钱。

在例（24）中，U_{i-1} 中宾语从句的主语"你"和主句的主语"我"的显著性如何排序？在例（25）中，U_{i-1} 中的兼语"小东"既充当主语"小明"的宾语，又充当动宾结构"帮他写作业"的主语，在 C_f 序列中应该如何处理？这些都是目前基于向心理论的汉语零形回指消解研究中所未能解决的问题。事实上，这些成分在 C_f 序列中的排序不是仅仅根据语法角色就可以确定的，正如胡钦谙（2008）所总结的，对于零形回指的消解不仅仅取决于凸显性上的竞争，还与零形回指语和先行语之间的语法和语用关系有关，必须要对句子的层级结构进行分析才能对这类结构中的零形回指进行准确的解析。这也是在胡钦谙（2008）的实验中，基于零形回指语和先行语之间的相关性因素建立的决策树算法比向心理论算法对于汉语零形回指的消解具有更好的解析力的原因。

综上所述，汉语零形回指的解析涉及结构、语义、语用和认知等多方面的因素，不是一个简单的凸显度排序原则就能概括所有汉语语篇中的零形回指规律的。因此向心理论在进行汉语零形回指的解析时具有很大的局限性。

第三节　认知参照点理论

"认知参照点" （Cognitive Reference Point） 这一概念是由罗施（Rosch，1975） 在研究原型理论 （Prototypical Theory） 时提出，后来由兰盖克 （Langacker，1991） 进一步阐述和明确化，主要用于解释英语中的领属结构 （possessive construction） 和转喻机制 （metonymy） 等。后来又有学者运用该模型研究回指现象和语篇连贯。以下我们将对认知参照点理论的内容进行介绍，并对该理论在回指研究中的应用展开探讨。

一　认知参照点理论的内容

兰盖克认为，认知参照点是人类一种基本的认知能力，普遍存在于每时每刻的生活经验之中。他用 "夜空现象" （night-time sky） （1991：170） 来解释这一概念：夜晚的天空布满了星星，要从满天星空中找到一颗想要找的星星，观察者 ［即概念化者 C （Conceptualizer）］ 往往需要先确定一个明亮的、易找的、凸显的星 ［即参照点 R （Reference Point）］，然后以其为出发点来找到要找的那颗星星 ［即目标 T （Target）］。这种现象也适用于人类许多其他经验，如在地图上要找到一个地点，往往是先确定一个大的、有名的地方，然后以此为参照点来确定其他要找的地点；又如要找到一个段落，首先要找到页码等。由此可见认知参照点概念已成为人们在认知世界过程中的普遍经验。概括起来，认知参照点理论的基本设想是：由于各实体的凸显程度不同，有些实体相对于其他实体更易于定位，对观察者来说更容易被感知，而感知其他的实体则需要付出较大的努力。这些易于定位和感知的实体便凸显出来，被选为参照点 R，人们通过它们来感知其他实体。一个认知参照点可激活一个相关的心理空间，即该参照点的领地 D （Dominion）。

如图 3-1 所示，C 为概念化者，又称为认知主体，R 为参照点，T 为

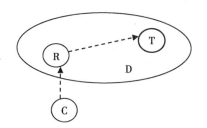

C=概念化者（Conceptualizer）
R=参照点（Reference point）
T=目标（Target）
D=领地（Dominion）
----▶=心理路径（Mental path）

图 3 - 1　认知参照点理论模型

目标，在领地内认知主体通过参照点沿着一定的心理路径与目标进行心理接触，即对目标实体进行概念化。

影响参照点选择的因素主要有三个：①凸显度（saliency），即 X 比 Y 更有可能被选为参照点，如果 X 在包含的语境更为凸显。②线性语序（linear word order），即在其他条件相等的条件下，如果 X 比 Y 先被感知，则 X 比 Y 更有可能被选为参照点。③概念关联性（conceptual connectivity），即两个名词性成分之间的概念语义联系的密切程度，这是由两者所共同参与的概念结构决定的。参照点的选择主要取决于概念的凸显度，领地的范围主要取决于概念关联度，概念关联度的强弱决定了哪些成分处在某参照点的领地内。除去以上提到的三个因素之外，视角（point of view）和音调（intonation）等因素也对参照点的选择有一定的影响。

二　认知参照点理论在回指研究中的应用

赫克（1995；1997）是较早运用认知参照点模型研究照应现象的学者。她将可及性理论和参照点模型结合起来对句内回指进行了研究，并提出了一套代词回指制约机制。在她提出的照应关系的概念参照点模型（conceptual reference point model）中，代词的先行语充当参照点，代词在该参照点的领地内进行解析。根据先行语指称对象的凸显度及同其他成分的概念关联，潜在的先行语可以建立局部（local）或全局性的（global）参照点。在领地内当参照点以高可及性标示语出现时，若该领地内另一个指称对象以低可及性标示语出现，则此指称对象不可能与参照点共指。所以，代词的先行语在代词出现的语境内必须足够凸显才可以被识解为其参照点。

国内从这一角度研究照应现象的主要有高原（2003）、王义娜（2006）及李丛禾（2005；2009）等。高原（2003）分析了汉语语料中的句内和句际照应，指出英汉语的照应现象遵循大致相同的认知规律。王义娜（2006）在 van Hoek 论述的基础上进一步挖掘了指称过程当中的视角因素。李丛禾（2005；2009）以英汉会话语料中的指称现象为分析对象，详细探讨了英汉语会话语篇中的参照点/领地格局与指称语的使用规律。翁依琴（2006）以认知参照点理论为基础，提出了领地间的宏观联系性的概念，指出零形回指只出现在领地之间的联系性比较紧密的情况下，并提出了三条零形回指先行语的确认原则。

和可及性理论和向心理论相比，认知参照点理论将语篇划分为不同的认知领地的集合，认为同一个认知领地内有相同的认知参照点，而随着认知参照点的切换，认知路径将进入不同的认知领地。这种在不同的认知领地内确立不同的认知参照点的方法比可及性理论和向心理论中用一个中心贯穿多个语句甚至段落的方法在汉语中具有更强的实用性，也更适合对包含内嵌小句结构中的零形回指现象进行考察。同时相比较可及性理论用"一致性"作为语段间的语义关系制约要求，向心理论对相邻话语间语义关系的忽视，认知参照点理论提出的"概念关联性"更加准确和全面，可以将多种语义关系包含在内。综合以上，认知参照点理论在汉语回指的研究中具有一些可及性理论和向心理论所不具备的优势。

然而到目前为止，认知参照点理论在汉语零形回指中的应用还非常少见，我们所检索到的只有翁依琴（2006）这一例。而且我们认为，翁依琴的研究中基于认知参照点理论提出的关于包含内嵌小句结构的原则是存在缺陷的。这主要是因为她对领地间的宏观联系性进行分析时，主要考虑的是领地间的语义关系，而对位于不同领地中的各不同概念实体之间的联系性却没有进行点对点的考察。因此该宏观联系性是不足以对汉语零形回指的先行语进行准确和全面的解析的。要确定不同领地中的各不同概念实体之间的联系性，不仅需要考察认知领地间的语义关系，还需要对概念实体间的距离，特别是认知距离展开分析。事实上，认知参照点模式作为一个认知模型，在研究概念实体间的认知距离上具有独到的优势，我们将在第五章第一节"三"中对此展开讨论。

第四节　语篇表征理论和文本更新理论

语篇表征理论（Discourse Representation Theory，简称 DRT）和文本更

新理论（File Change Theory，简称 FCT）是由坎普（Kamp，1993；1994）和海姆（Heim，1983）分别提出的描述自然语言意义的动态形式理论，强调的是语言的动态特征及毗邻句或上下文对句义解读的影响。以下我们将对 DRT 和 FCT 理论的内容分别进行介绍，并对这两个理论在回指研究中的应用展开探讨。

一　DRT 和 FCT 的内容

DRT 是一种动态地描述自然语言意义的形式语义学理论。它把传统形式语义学对句子意义的分析扩大到语篇层面，强调语言的动态特征，通过对句子上下文的分析，揭示代词和名词的照应关系，代词的所指和无定名词短语的语义解释，以及动词和时间方面的复杂关系。

在 DRT 中，语篇被看作一个盒状的语篇表征结构（Discourse Representation Structure，简称 DRS）。陈述句被当成事实而依次进入该盒，而语篇中一些疑问句、假设句等则被表现为盒状的子语篇表征结构，同样也可依次进入母语篇表征结构。有定名词短语的语义为个体常项，是语篇中已经存在的个体；而无定名词短语的语义贡献则是为句子、语篇引入一个新的实体，所以应被看作变项。如以下经典的"驴句"所示：

If a farmer owns a donkey, he beats it.

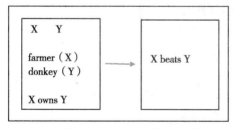

在这个句子中，无定名词短语将"a donkey"作为一个新的事物引入到话语中，代词"it"和"he"分别把"the donkey"和"farmer"作为熟悉事物来指称它们，先行语和回指语共同指向现实世界中的实体。

FCT 对语篇的信息组构过程进行了更加形象化的描述，把这个过程比作收集文本卡片。每当接触到新的无定名词短语时，听话人/读者的脑海中就创建了一张新的卡片。而每当接触到代词或有定名词短语时，听话人/读者的脑海中已有的卡片就进行信息更新。如以下这个由三句话组成的语篇表示：

（a）A woman was bitten by a dog. （b）She hit it. （c）It jumped over a fence.

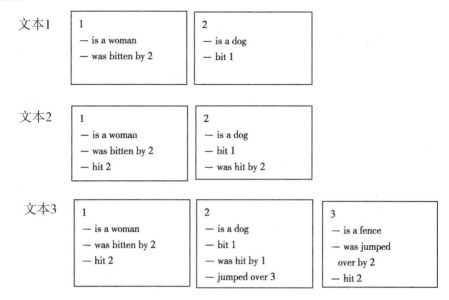

在语篇开始前，文本的内容是空的。当语段 a 开始后，文本中被放入了两张卡片，一张记录着"woman"的相关信息，另一张记录着"dog"的相关信息；语段 b 开始后，文本中的两张卡片中的信息被同时更新；语段 c 开始后，文本中被放入了第三张记录着"fence"信息的卡片，同时前两张卡片的信息被同时更新。

语篇中有定名词和无定名词的出现反映在文本更新的过程中是不同的。海姆（1983）认为文本更新的过程遵循着这样一个规律：当出现无定名词时，开始一个新卡片；当出现有定名词时，更新旧卡片。这是因为有定名词意味着信息是熟悉的、已知的，而无定名词意味着信息是陌生的、未知的。无论是开始新卡片还是更新旧卡片，在海姆看来都是一种文本更新能力（file change potential）。

在 DRT 和 FCT 这两种形式语用学的理论模型中，DRT 的影响力更大，研究更深入。自诞生起到现在，西方学者们从不同视角、不同途径对这一理论模型进行了探讨，使 DRT 得到了不断充实和扩展。其中亚瑟（Asher，1993）提出的分段式语篇表征理论（Segmented Discourse Rrepresentation Theory，简称 SDRT）是一种在 DRT 基础上发展起来的新的自然语言的语义理论。SDRT 将语言的线性信息和非线性信息进行组合分析，通过指出语篇中语段之间的修辞关系以及由此构成的语篇结构，揭示了自然语言呈层级状态的深层语义结构，因此 SDRT 相比 DRT 可以更好地解释和处理自然语言中的多种语言现象和难以处理的问题，如代词指涉、时序关系确定、动词短语省略、预设呈现、隐喻明晰、语词歧义消解等。该理论在国际语言学界产生了很大的影响，已成为关于研究处理自然语言的新方向和前沿领域。

二 DRT 在指代研究中的应用

邹崇理（1998）指出，传统的形式语义学是从静态的角度分析一个个单句的意义，而 DRT 则是一步步动态地处理话语中的每一个句子，对新的句子的分析依赖于前面处理过的上下文，而新的句子反过来又更新已有的信息内容，这些信息内容又继而成为处理和理解后续句子的前提和依据。因此 DRT 可以用于处理传统形式语义学理论所无法处理的句子序列间的回指消解问题。

国内的一些学者如温宾利（1997）、文卫平等（2006；2008）、翁依琴等（2005）、张旭红（2012）等都曾对 DRT 在汉语回指解析中的应用展开过研究。王晓斌等（2004）在 DRT 的基础上，针对汉语书面语，提出了一种面向语篇理解的汉语人称代词的回指消解方法。他通过研究发现，语篇理解和回指消解是一个互相作用的动态过程，语篇理解的完成依赖于回指消解，而回指消解也需要在语篇理解的动态过程中实现。DRT 独特的 DRS 的动态构造方法，为回指消解提供了新思路。然而在汉语零形回指的研究中，目前只有极少数的研究，如金立（2006）提出采用 SDRT 对汉语中的零形回指进行消解的思路。

我们认为，这主要是因为 DRT 自身的局限性。DRT 能够有效解释的回指现象主要是回指为代词、有定名词短语、无定名词短语等有明确先行语的回指现象，但是这类回指在话语交际中仅仅占很有限的一部分。而对于那些牵涉到更复杂的语用推理的深层回指问题，如零形回指、无明示先行语回指、模糊回指等，DRT 则无法给出有效的解释。衔接，特别是隐性衔接对连贯（coherence）的支撑作用在很大程度上要受到语义关系、语用推理等因素的影响。熊学亮（2001）对深层、表层连贯的特征进行系统研究时指出，由显性衔接成分支持而获得的话语思路一致性属于表层连贯；而无显性衔接成分支持但可通过推理补偿而获得的话语思路一致属于深层连贯。按照这种分类方法，DRT 仅仅只考虑到了自然语言话语的表层连贯，而回避了对话语深层连贯的刻画，从而导致了它对深层回指的消解失效问题，降低了它的解释力。因此，在对作为深层回指中的一类的零形回指的研究中，DRT 缺乏足够的解释力。

虽然由于自身的局限性，DRT 并不像可及性理论和向心理论一样对零形回指现象可以提出一套完整的解释方案，但却可以作为这两个理论的有效补充。可及性理论是一种心理语言学模型，关注的是回指现象的认知心理机制；向心理论是一种计算语言学模型，关注的是回指的形式化解析。这两种理论都缺乏从语用的角度对回指现象的理解，而是将研究焦点放在具有确定意义和指称的纯形式化语言上，认为每个回指语都固定地决定其所指对象。而实际上，言语交际中的指代是一种语用过程，具有相对非确定性，回指语与先行语之间本质上是一种动态的匹配过程。DRT 作为研究语言的动态形式的语用学模型，将回指研究的切入点放在了无定名词引入新信息的功能上，强调了回指的动态语用功能，为回指匹配的不确定性进行了注解，因而对于自然语篇中的回指解析提供了一个可及性理论和向心理论所未能涉及的思路。由于零形回指在汉语中的使用具有相当的复杂性和不确定性，可及性理论和向心理论对某些汉语的零形回指现象如存现动词、心理动词、结果动词等引导的结构中的动词宾语作为零形回指先行语的现象缺乏足够的解释力，而 DRT 和 FCT 由于其对无定名词语用功能的解释，可以很好地解释这些"非典型"的零形回指现象。无定名词在篇章回指中引导新信息的语用功能，从认知的角度被豪辛格（Heusinger, 2000）描述为"凸显改变能力"（salience change potential），这种能力使得无定名词可以把其所指称的实体从语篇的实体序列中挑选出来，使其成为语篇中最凸显的实体。正是由于无定名词的这种凸显改变能力，使得宾语位置上的无定名词经常可以取代当前语段中的"主题"或"中心"，而成为下一语段中零形回指的先行语，这一现象将作为一种"信息显著"因素在第四章第三节中具体展开。

第五节　本章小结

在本章中，我们介绍了四个和零形回指认知机制相关的西方语言学理论，分别是：可及性理论、向心理论、认知参照点理论、语篇表征理论/

文本更新理论。这四个理论应用在汉语零形回指的研究中，各自有着不同的侧重点和研究方法。

可及性理论是一个心理语言学模型，主要关注的是回指的心理认知机制，虽也设置了距离、一致性、竞争性和显著性这四个参数，但是在距离参数中只考虑了线性距离因素，而对"一致性""显著性"和"竞争性"这三个参数的阐释和形式化程度不够，因此在实际的语篇中，很难以可及性理论为指导对概念实体进行精确的可及性判断。

向心理论是一个计算语言学模型，关注的是如何对篇章中的回指现象进行形式化解析，因此具有严密的参数设置和明确的根据语法角色排序的凸显性序列。然而由于汉语零形回指中语义和语用因素的干扰，这一根据语法角色进行排序的凸显性序列具有很大的局限性，无法对一些汉语中特有的零形回指现象进行精确的解析。

认知参照点理论是一个认知模型，主要采取的认知图式的方式为概念实体之间建立心理联系。在目前基于认知参照点理论进行的汉语零形回指的认知研究中，主要考虑的是领地间的语义关系，而对位于不同领地中的各不同概念实体之间的联系性却没有进行点对点的考察。因此无法对汉语零形回指的先行语进行准确和全面的解析，还需要对概念实体间的距离，特别是认知距离展开分析。

语篇表征理论/文本更新理论是一个语用学模型，仅仅只考虑到了自然语言话语的表层连贯，而回避了对语篇深层连贯的刻画，因此并不像可及性理论和向心理论一样对零形回指现象能够形成完整的解释方案。但是该理论将回指研究的切入点放在了无定名词引入新信息的功能上，强调了回指的动态语用功能，为回指匹配的不确定性进行了注解，因而对于汉语零形回指的研究提供了一个可及性理论和向心理论所未能涉及的思路。

在本书的研究中，我们将借鉴以上四种理论的研究方法，将它们进行有机的结合，采取将心理学解释、形式化解析、认知图式描述和动态语用功能分析相结合的研究思路，对汉语零形回指的认知机制展开一个全面系统的研究。在接下来对汉语零形回指先行语认知的凸显和结构两大因素的讨论中，这四个理论将会作为重要的理论依据出现。

第四章

汉语零形回指认知的先行语凸显因素

认知凸显原则是指人们倾向于思考和谈论具有最大认知凸显性的事件或事件凸显的方面，也就是对人们的感觉器官刺激最强、印象最深、最有价值、最为本质、重要的事件，并用语言将这种认识巩固下来。对于认知凸显原则，兰盖克（1999）提出了一些初步观点如人凸显于非人、整体凸显于部分、具体凸显于抽象、可视的实体凸显于不可视的实体等。拉登和考威塞斯（Radden & Kovecses，1999）进一步发展了这些观点，并从人类经验、感知选择和文化偏好等方面详细探讨了主观凸显于客观、互动凸显于非互动、有界凸显于无界、典型凸显于非典型等 21 条认知凸显原则。

心理学家鲁宾（Rubin，1921）通过著名的/人脸/花瓶图（face/ vase illusion）（如图 4 - 1 所示）揭示出一个事体在被认知的过程中被分为优势和次优势，即图形和背景（figure and ground）。优势部分和次优势部分不能被感知和理解为同一个东西，也就是说，一个人不可能同时既看见花瓶又看见脸，这就是后来所说的经典的图形—背景理论。

图 4 - 1　人脸/花瓶图

现代认知语言学理论认为，语言表达是与人的认知能力、认知特点等主观因素密切相关的，我们对于外部世界的认识方式会被投射到日常语言之中。即使是描述同一个状况，表达形式的不同选择也会反映出主体的视点置放和透视角度的不同。在认知语言学中，凸显（在有些研究中也称为"突显"）就是指对语言所传达信息的取舍和安排，是划分词类、分析句法等的主要依据之一。英语中常用"prominence"或者"salience"来表达这一概念，而对于这两者之间的区别至今未有明确的说法。在本书中，由于牵涉到的凸显因素较多较复杂，我们将对这两者进行区分，用"显著"来表达 prominence，用"凸显"来表达"salience"。这两者在本书中的区别是"凸显"是一个绝对概念，指的是一个概念实体在篇章中的总体突出程度，而"显著"是一个相对概念，用来表示一个实体相对于其他实体来说是否有更突出的因素。一个实体可能在某个因素上是显著的，在总体上并不特别凸显，因为更多其他因素导致了其他实体的突出。也就是说，若干显著因素的共同作用会决定一个实体最终的凸显状态。

在指代的认知研究中，凸显也是一个核心的研究对象。可及性理论认为先行语的凸显程度是影响其可及性的主要因素之一；向心理论根据先行语在语段中的语法角色对它们进行凸显度排序，凸显度最高的成分被称作优选中心，代表下一个语段的潜在回指中心。虽然都把先行语的凸显度看作决定回指消解的关键因素，但是这两个理论在对先行语凸显度的阐释上显然都是不完善的。在可及性理论中对可及性的定义就是指对象实体在句子和语篇中的中心地位，或者说是概念实体的主题性。这一定义虽然准确地描述出了凸显的概念实体在句子和语篇中的地位，但是一个信息单位中往往很难确定某一个实体为中心主题。有时候，在一个语篇片段中甚至可以确定两个或更多的中心主题。因此根据是否是"主题"来判断先行语的凸显度是不够全面和精确的。向心理论对先行语的凸显度给出了"主语 > 直接宾语 > 间接宾语 > 介词宾语"的优先级排序。这个优先级顺序和我们在第二章第二节"二"中总结的汉语零形回指先行语的分布规律基本吻合，也被很多研究者通过语料库实验的方法证明是一个有效的凸显序列。然而这个凸显序列只考虑了语法角色对凸显度的影响，而没有考虑语义、语用等因素对先行语的凸显度的影响，因此是不够全面的。

在这一章里，我们将在可及性理论和向心理论对"凸显"的定义和分析的基础上，对汉语零形回指的先行语凸显度因素从语法、语义和语用三个层面展开全面深入的探讨。

第一节 语法显著

一 语法显著序列

在前一章介绍的向心理论中，实体的语法显著度是由它们所承担的语法角色决定的。霍布斯（Hobbs，1978）在他的代词消解算法中提出了一种基于句法树搜索（tree search）的方法来分析先行语的显著度。在该代词消解模型中，为回指寻找先行语的方法是在句法树中按照从左到右的深度层级的方法来进行搜索。在多数情况下，这种方法得出的先行语显著度序列是和基于角色的方法相一致的，唯一的区别是在这种方法中，前置的成分将会在显著度序列上前移。格恩斯巴彻和哈格里夫斯（Gernsbacher & Hargreaves，1988）通过一系列认知试验证明前置名词成分中的实体确实比它们出现在常规位置时可及度更高，并提出了另一种基于提及顺序（left-to-right ordering）的方法来分析先行语的显著度。他们认为，提及顺序是决定篇章中实体显著度排序的唯一因素，无论语法角色和语义角色如何。对于典型的不包含内嵌小句结构的主—动—宾（SVO）语序结构的语段，这些不同的分析方法得出的排序基本都是相同的。但是当语段中包含更加复杂和非典型的结构，如包含内嵌小句结构时，不同的方法可能会导致排序上的有所差异。也就是说，这三种方法在对典型的主语、宾语和旁语的显著度排序上是基本一致的，主要的分歧在于包含内嵌小句结构中的先行语的显著度的不同。

在本研究中，我们将基于句法树搜索和基于提及顺序这两种差异性较小的方法进行合并，将语法显著度的排序方法归纳成基于角色的方法（role-based method）和基于层级的方法（hierarchy-based method）进行介绍。

（一）基于角色的方法

在这种方法中，实体的语法显著度是由它们所承担的语法角色决定的。吉翁（Givón，1984：137—138）提出了以下的句子的"主题"层级序列。这一层级序列也是向心理论中主要采用的下指中心序列：

> 主语 > 宾语 > 旁语

在这一方法中，位于谓语动词之前且没有紧接着介词的名词成分被认定为主语，位于谓语动词之后且没有紧接着介词的名词成分被认定为宾语，其他所有紧接着介词的名词成分不是谓语的论元，统称为旁语（ob-lique）。这一显著性序列经过了一系列回指消解实验数据的验证，证明在英语中的回指消解上具有较普遍的适用性。然而由于这个序列没有考虑具有相同语法角色的成分之间的相对顺序，如双宾语结构、兼语结构、从句宾语句结构中的排序问题，因此只是一个对实体的部分排序。

　　在这里，我们以一组汉语句子为例，来演示这一方法对实体的语法显著度的排序方式，如表 4 - 1 所示。

表 4 - 1　　　　　　　　　　基于角色的汉语语法显著排序示例

例句	凸显序列
a. 小明打了小东。	｛小明｝ > ｛小东｝
b. 小明用棍子打了小东。	｛小明｝ > ｛小东｝ > ｛棍子｝
c. 小明在河边打了小东。	｛小明｝ > ｛小东｝ > ｛河边｝
d. 我在公园里看到的那个人打了小东。	｛那个人，我｝ > ｛小东｝ > ｛公园｝
e. 我读的这本书比我没读的那本书要厚。	｛这本书，我，那本书｝
f. 老师相信小明打了小东。	｛老师，小明｝ > ｛小东｝

（二）基于层级的方法

　　拉尔夫（Ralph，2005）将基于句法树的算法和基于提及顺序的方法结合起来，提出了一个基于层级的语法显著度排序方法，具体规则可以表述如下：

　　i. 对于两个名词论元 x 和 y 来说，不管它们是否是和同一个动词相关的论元，如果 y 处在一个比 x 内嵌层级更深的小句中，则显著度顺序 x > y。

　　ii. 对于两个名词论元 x 和 y 来说，不管它们是否是和同一个动词相关的论元，如果它们所处的小句层级深度相同，且 x 出现在 y 之前，则显著度顺序 x > y。

　　为了将基于层级的方法和基于角色的方法作一个更清晰的对比，我们以同样的句子为样本，来演示这一方法对实体的语法显著度的排序方式，如表 4 - 2 所示。

　　基于角色和基于层级的语法显著序列在句 a、b、c 这三个不包含内嵌小句的典型 SVO 语序结构中是完全相同的。而在句 d、e、f 中，内嵌小句中的名词成分在基于层级的序列中的位置相对于基于角色的序列中被后移了。在句 d 中，"我" 作为主语 "那个人" 的修饰定语从句中的主语，在基于角色的方法中，和 "那个人" 同处在显著度序列的顶端，而在基于层级的方法中，则被移至宾语 "小东" 之后。句 e 的情况和句 d 类似。在句 f 中，"小明" 作为宾语从句的主语，在基于角色的方法中，和主语 "老师" 同处在显著度序列的顶端，而在基于层级的方法中，则被移至 "老师" 之后。

表 4 – 2　　　　　　　　　　基于层级的汉语语法显著排序示例

例句	凸显序列
a. 小明打了小东。	｜小明｜ > ｜小东｜
b. 小明用棍子打了小东。	｜小明｜ > ｜小东｜ > ｜棍子｜
c. 小明在河边打了小东。	｜小明｜ > ｜小东｜ > ｜河边｜
d. 我在公园里看到的那个人打了小东。	｜那个人｜ > ｜小东｜ > ｜我｜ > ｜公园｜
e. 我读的这本书比我没读的那本书要厚。	｜这本书｜ > ｜那本书｜ > ｜我｜
f. 老师相信小明打了小东。	｜老师｜ > ｜小明｜ > ｜小东｜

我们可以将基于层级的语法显著度排序方法归纳为如下的序列：

主语 1 > 主语 2 > 宾语 1 > 宾语 2 > 主语 3 > 宾语 3

其中主语 1 = 主句主语，主语 2 = 从句宾语句或兼语结构主语，宾语 1 = 直接宾语，宾语 2 = 间接宾语，主语 3 = 旁语主语，宾语 3 = 旁语宾语。

基于角色的语法显著序列和基于层级的语法角色序列都曾被应用在回指消解的研究中，并被证明具备一定的合理性和有效性，然而这两种方法都是不够完善的，在实际操作中都是需要进行调整的。而且这两种方法都是主要基于英语语料的研究，相对于语法规则较为严格的英语来说，汉语句子更多的是靠语义驱动，语法的约束力更弱，因此这两种方法对汉语中的回指先行语选择都缺乏足够的解析力。

基于角色的方法在对先行语的显著度排序上细分度不够，没有考虑到包含内嵌小句结构中主句主语和内嵌小句主语的显著度排序，对不同类型的宾语和旁语也没有加以区分，因此不适合对复杂句子的先行语显著度的分析。而基于层级的方法在先行语的排序上过于绝对化，完全根据句法层级进行排序，认为内嵌层级较深的论元排序一定低于内嵌层级较浅的论元，这与一些实际语篇中的零形回指并不符合。如以下例句所示：

（26）a. 孩子他母亲是替人洗衣服的，b. 那天早晨，$\emptyset_1$打发孩子出去送洗好的衣服，c. $\emptyset_2$不料走了不久，d. 几颗炸弹就落下来。[①]

（27）a. 看惯颐和园北海的人，$\emptyset$ 乍到这儿，b. $\emptyset_1$觉得湖山又朴素，c. $\emptyset_2$又秀气，d. $\emptyset_3$另有种自然的情调。[②]

在例（26）中，由于主语的语法显著性，语段 b 中的 $\emptyset_1$ 的先行语很容易判断出来是"母亲"。根据基于层级的方法，语段 b 这个兼语结构中的实体凸显度排序为：母亲 > 孩子，但根据上下文语义，语段 c 中的 $\emptyset_2$ 的先行语很显然应该是"孩子"。在例（27）中，由于主语的语法显著性，语段 b 中的 $\emptyset_1$ 的先行语很容易判断出来是"人"。根据基于层级的方法，语段 b 中的实体凸显度排序为：人 > 湖山，但语段 c 中的 $\emptyset_2$ 和语段 d 中的 $\emptyset_3$ 的先行语很显然应该是"湖山"。可见，包含内嵌小句结构中的先行语选择不仅由先行语本身的凸显度决定，还受到其他因素的制约。在第五章第一节"三"中，我们将探讨距离因素对包含内嵌小句结构中的零形回指先行语选择的影响。

在基于角色和基于层级的两种不同的语法显著度排序方法的基础上，研究者针对不同语言的语料提出了更为具体的不同语法角色的显著度排序。基南和科姆里（Keenan & Comrie, 1977）在研究关系从句时考察了世界上大约 50 种不同的语言后发现，虽然不同语言中名词短语可以被关系从句化的程度不同，但是这些语言都遵守一个共同的名词短语的可及性序列（Accessibility Hierarchy, AH）：

主语 > 直接宾语 > 间接宾语 > 旁语 > 领属语 > 对比宾语

陈平（1986：131）在此基础上提出了一个汉语的"主题性"序列，其中动词前论元包括"主题"和"主语"两个成分：

动词前论元 > 动词后论元 1 > 兼语宾语 > 旁语宾语 > 动词后论元 2

① 摘自杨朔《孤儿行》。

② 摘自杨朔《京城漫记》。

蒋平（2004a）在研究汉语零形回指的句法和语篇特征时，在基南和科姆里（1977）的可及性序列的基础上引入汉语"主题"的概念，提出了以下汉语先行语的显著度序列：

> 主题 > 主语 > 主语修饰语 > 宾语 > 宾语修饰语 > 旁语

王德亮（2004）在基于向心理论的汉语零形回指解析研究中，提出了以下下指中心序列：

> 主题 > 主语 > 直接宾语 > 间接宾语 > 其他

这些不同的语法显著度序列虽然在排序和表述方法上，特别是在序列末端成分的排序上，各有不同之处，但是在序列前端成分的排序上，表现出了很强的一致性，那就是"主题"和"主语"的高显著性，这和我们在第二章第三节"二"中总结的零形回指语和先行语的分布规律是一致的。在本章第一节"四"中我们将对汉语学界的"主语"和"主题"之争进行介绍，以厘清"主语"和"主题"在汉语中的界定。

二　语法显著序列的认知心理学解释

在上一节的讨论中，我们发现无论是基于角色的方法还是基于层级的方法，无论是基于英语语料还是基于汉语语料进行的统计，在这些不同的语法角色显著度层级排序中，都遵守一个基本的认知序列：主语 > 宾语 > 旁语。这一等级序列反映了不同句法位置上的名词在大脑记忆系统中提取的难易程度，即反映了这些名词的激活程度。以下将从认知心理学的角度对这一层级排序进行解释。

兰盖克（1999：331—359）指出：主语和宾语的选用不是逻辑问题，也不是一个语法问题，而是主体识解的认知问题、心智中的焦点问题、概念描写中的凸显问题。根据基南和科姆里（1977）对大约50种语言的统计结果，主语显著是所有语言的共同现象。认知语法从人类一般认知能力的角度将主语的语义特征描述为一个正常的经验过程侧面中某一焦点凸显的参与实体，认为认知上的图形与背景的区别反映在语句表达中主要是主语和非主语的区别。主语往往是优势部分，在同等条件下，人们总倾向于选择知觉范围中占优势的、突出的实体作为句子的语法主语，而不常把不突出的实体选为语法主语。从语言表述角度，主语就是一种特别的认知凸显性表征。对于主语的这种认知凸显的地位，研究者们从心理学和语言学的角度展开了探讨。汤姆林（1997）的心理试验结果表明：说话者在把事件结构的概念成分投射为句法结构的过程中，常常把激活程度最高的概念成分编码为句子的主语。昂格雷尔和施密德（Ungerer & Schmid，1996：172）指出，要想从语言角度说明某一事物的凸显性，就把它放在主语的位置上。卡米亚马（Kameyama，1998）提出，从句法功能来看，主语比宾语在认知状态中更为凸显，宾语比其他成分更为凸显。

兰盖克（1991：316—330）在图形—背景理论的基础上还提出可以用射体—界标（trajector-landmark）来形容句内论元的认知关系，把射体与主要图形、界标与次要图形对应起来。其中射体是人们重点描述的成分，行为链中最先引人注意的起始点，关系结构中凸显的部分。而界标表示关系结构中次凸显的部分。如果一个成分在认知上较为突出，在关系述义中就被选出来作为主要图形，即射体，在句法表达中这个成分极有可能充当主语。而如果一个成分在认知上处于次要凸显的地位，在关系述义中就被选出来作为次要图形，即界标，在句法表达中这个成分极有可能充当宾语。

在这里，我们将图形—背景理论和射体—界标理论结合起来，将主语对应于主要图形，也就是射体，宾语对应于次要图形，也就是界标，而旁语对应于背景。很显然，三者之间的凸显度关系应该是：

> 主要图形 > 次要图形 > 背景

也就是：

> 主语 > 宾语 > 旁语

这样，不仅可以解释主语的认知凸显地位，而且还解释了宾语作为事件的次要参与者在句中处于次要凸显地位，在语法显著度层级中高于旁语的认知动因。

此外，兰盖克（1999：176）还引入认知参照点概念对主语相对于主语领属语的语法显著性进行了解释。在他看来，在对NP1's NP2结构的认知中，NP2比NP1与认知主体的关联更加紧密，因此在认知主体心中NP1将首先被激活，通过心理路径建构出与NP2的心理接触。在完成参照点的功能之后，NP1在目标域中隐退到背景结构，即界标中，而NP2则凸显了出来，成为射体，形成了射体—界标的语义结构。以"the boy's watch"为例，"the boy's watch"这个表达式是以一个基体为例，认知主体对"boy"的熟悉程度远比对"watch"高得多，不需要通过心理路径就可以自动在头脑中被激活"boy"所代表的实体。因此认知主体会不自觉地以boy 为认知的参照点和背景，通过领属结构建立的心理路径通往"watch"这一认知目标，使得"watch"这个实体凸显出来成为射体，而"boy"这个实体则成为该射体的界标。这里的 NP2 对应于句子的主语，而 NP1 则对应于主语领属语，也就是蒋平（2004a；2004b）所提出的汉语先行语的显著度序列中的"主语修饰语"。

然而在汉语中主语相对于主语领属语的凸显性并不是绝对的，而是受到了语义显著因素中的名词生命度的影响。我们将在本章第二节"二"中对主语领属语和主语的生命度对二者之间凸显地位的影响进行讨论。

人们对射体的选择不是一成不变的，而是取决于人们的认知方式、完形感知、注意焦点、移动方向、观察方位、个人爱好等因素。由于人们认识世界的识解方式（construal）不同，会择用不同的成分作为射体，因此产生了不同的语言表述，或者说不同的语言表达反映着认知主体识解事物的不同方式。如以下例句所示：

a. The lamp is above the table.
b. The table is below the lamp. ①

这两组例句各自虽然描写了同一个客观情景，但所基于的识解方式是不同的，因此射体和界标的选择也完全不一样。在句 a 中，"lamp"是射体，"table"是界标，"table"为"lamp"提供了参照点，"lamp"是相对于"table"这一参照点来定位的。而在句 b 中，"table"是射体，"lamp"是界标，"lamp"为"table"提供了参照点，"table"是相对于"lamp"这一参照点来定位的。

那么当人们因为不同的识解方式对射体和界标进行了不同的选择时，他们对句子中各实体的凸显度认知是否也会受到影响呢？约翰逊莱尔德（Johnson-Laird，1968）通过一个认知实验对这一点进行了验证。在这个

---

① 转引自兰盖克（2008：71）。

实验中，被试被要求用红蓝两种不同颜色的铅笔在长方形上涂，以表示以下两个句子的不同意义：

a. Red follows Blue.
b. Blue is followed by Red.

实验结果显示，被试将长方形中更多的面积留给了句子的主语，更少的面积给了句子的宾语，即句子主语的面积多于宾语的面积，如图4-2所示：

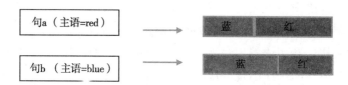

图4-2   约翰逊莱尔德（1968）的实验结果示例1

在另一实验中他将这一关系颠倒过来，先给长方形，然后让被试选择相应的句子，结果发现被试对颜色面积相等的长方形没有句子选择上的偏向性，选择句 a 和句 b 的人数基本相当。而对颜色面积不相等同的长方形中所占颜色比例更多的那部分有明显的句子选择上的偏向性，表现为当红色面积大于蓝色时，更多的被试选择句 a，即把"red"作为句子的主语；当蓝色面积大于红色时，更多的被试选择句 b，即把"blue"作为句子的主语，如图4-3所示：

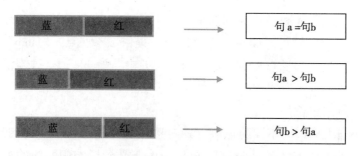

图4-3   约翰逊莱尔德（1968）的实验结果示例2

这一实验结果证明，主语这一语法角色在知觉中表现为被强调或突出的客体，而被动结构实际上就是通过句位的变换来凸显焦点，使语法宾语上升为语法主语，将其置于认知上的凸显成分来描述，并把原来的语法主语降到次要的地位，形成一个新的图形，以引起人们的关注（韦恩·奥尼尔）［O'Neil，1981/1988：49—50］。可见，不同的语法结构出于不同的识解方式有着不同的功能，也反映了不同的认知方式。同样，不同的句式也会对听话人产生不同的识解效果，表达不同的语义结构。然而不管采取怎样的识解方式，主语的认知显著性是这些句子的一个共性，也就是说不同的语义结构并不会对实体的语法显著层级产生影响。在第六章第二节中，我们将通过认知实验的方法对这一假设在汉语零形回指中的有效性进行验证。

三　语法显著与回指策略

主语在认知上的显著性一方面决定了主语是一个句子中最容易成为零形式的成分。因为根据语言的经济原则、合作原则以及最佳关联原则，言语的表达必须在不影响意义传递的情况下，尽量精练和简洁，而省略掉的信息一般都可以在语境中得到恢复，这就是省略表达的可还原性（recoverability）。而作为一个句子中最为凸显的成分，主语往往不需要依赖表面的语言形式也可以从上下文语境中获得还原，因而经常成为缺省默认（default）的成分。主语在认知上的显著性另一方面则决定了主语是最容易成为零形回指的先行语的成分。这一点不仅可以从主语显著的角度得到解释，还可以从语法匹配效应和平行效应的角度进行解释。根据史密斯（Smyth，1994）的研究，回指语和先行语的语法功能和属性越接近就越容易形成共指，表现为语法匹配效应（grammar matching preference）。钱伯斯和史密斯（Chambers & Smyth，1998）的研究表明回指语与先行语语法角色是否相同，明显影响回指语的加工。接受者倾向于把回指语与具有相同语法角色的先行语形成共指，称为平行效应（parallel preference）。因此，语言使用者倾向于把主语位置上的回指语与先行句子中的主语，而不是宾语位上的实体形成共指，表现为主语优势（subject assignment preference）。

然而以上这些先行语和回指语的语法匹配效应和平行效应的结论都是在对英语这种非空主语语言为语料的研究的基础上得出的。而根据研究者对意大利语、西班牙语等空主语语言的研究，先行语和回指语的语法匹配效应和平行效应对于不同的回指语形式具有不同的有效性。如卡米纳蒂（2002）通过认知实验的方法证明在意大利语中，主语位置上的空代词

（null pronoun）和显性代词（overt pronoun）存在先行语位置倾向性上的差异，空代词更倾向于指向主语位置的实体作为其先行语，而显性代词则更倾向于指向宾语位置的实体作为其先行语。卡米纳蒂（2002）将这种现象称为先行语位置策略（Position of Antecedent Strategy，简称 PAS）。所谓的空代词和显性代词所对应的回指，实际上就是汉语研究中所说的零形回指和代词回指。为了对 PAS 在代词脱落语言中的普适性进行验证，卡米纳蒂（2002）进行了一个小规模的调查，对西班牙语、俄语、波兰语、韩语、日语这几种代词脱落语言分别收集了 1—2 名母语使用者的反馈，发现在这些语言中，空代词通常都和主语位置的先行语紧密联系在一起，而显性代词可以对宾语具有偏好性，也可以没有特别的偏好性。这说明：空代词对于主语位置的先行词的偏好是代词脱落语言的一个普遍特性，而显性代词对于宾语位置的先行语的偏好性总体来说相对较弱或不稳定。

　　零形回指和代词回指的这种在先行语位置上的倾向性差异可和可及性理论的思想是完全一致的。根据可及性理论，零形回指语相对于代词回指语来说是更高可及性的标示语。零形回指语由于不具有表面的语言形式，不能提供信息量，因此必须指向一个高凸显度的先行语才能在语篇中被识解，而代词回指语由于本身具有一定的信息量，因此不需要先行语具备特别高的凸显度，也有可能在语篇中被识解。因此零形回指语和代词回指语实现了一种回指功能上的分工。当先行语处于语法显著的主语位置上时，由于具有高凸显度，通常选择零形回指语进行指代，以满足语言的经济性（economy）原则，而不使用代词回指语。而当先行语的凸显度不够高，如处于语法不显著的宾语位置时，则通常采用代词回指语进行指代。而在英语等非空主语语言中，零形回指较为少见，即使先行语为语法显著的实体，也通常采用代词回指或名词回指的形式进行指代，没有形成这种零形回指和代词回指在回指功能上的分工，因此 PAS 主要存在于非空主语语言中。根据空主语和代词脱落现象的类型学划分，汉语属于空主语语言的类别。在第六章第一节中，我们将通过认知实验的方法，对 PAS 在汉语中的有效性进行验证。

　　无论是基于英语这种非空主语语言得出的先行语和回指语的语法匹配效应和平行效应，还是基于意大利语和西班牙语之类的空主语语言得出的先行语位置策略，都要求当零形回指语处于主语位置时，指向同样位于主语位置的先行语。这是和我们在第二章第二节"二"中所作的汉语零形回指分布的语料库统计汇总的结果相一致的。然而根据这一汇总结果，我们也发现：零形回指先行语作为主语的比例要低于零形回指语作为主语的比例。在胡钦谙（2008）的数据中，前者的比例为 65.88%，后者的比例为 89.39%；在蒋平（2004）的数据中，前者的比例为 80.25%，后者的比例为 85.79%。这说明在有些情况下，处于主语位置的零形回指语指向的是其他位置的先行语，根据数据汇总的结果，主要是句子宾语和主题，除此之外还有少量的先行语为主语修饰语（在本文之后的讨论中统称为主语领属语）的情况。而先行语为旁语和宾语修饰语等的情况是极个别的例子，可以忽略不计。对于零形回指先行语为宾语的情况，我们将在本章第三节中展开讨论。而在下一节中，我们将通过对"主语"和"主题"之争的介绍对先行语为主题的情况进行分析。

四 "主语"和"主题"之争

在英语等西方语言中，由于语法关系具有明显的形式标记，对"主语"这一语法成分有着清晰的界定。在讨论影响实体凸显度的语法因素时，主要的争议集中在"主题"这一概念上。甘德尔等（Gundel et al., 1993）提出语篇中的凸显现象主要和"主题—评述"（topic-comment）的结构有关。而其他一些认知心理学的研究中（如格恩斯巴彻，1989），也把"主题"和"主语"、"第一次提及的参与者（first mentioned partici-pants）"等概念放在一起，认为这些概念对应的实体会在语篇中"凸显"出来。然而也有研究者［如阿诺德（Arnold，1998）］指出"主题"这一概念在描述凸显性时太过于模糊和不确定。事实上，"主题"这一概念从来没有一个真正清晰的定义，可以用来指示不同的概念，如篇章主题、句子主题、已知信息、共享信息等。如瓦尔杜威（Vallduví，1990：38）认为"主题"这一概念既包括"语篇主题"又包括"句子主题"。莫拉莱斯［Morales（1997）］［转引自菲里阿西（Filiaci，2011）］指出语篇中任何一个地方都有可能有不止一个主题的存在，包括一个"总主题"（general topic）和若干"局部主题"（local topic）。

而在汉语学界，关于"主题"的争议则主要在于"主语"和"主题"之间的语法关系。由于本研究的对象是语篇中相邻分句间的零形回指现象，研究范围是较为局部性的，关注的不是"语篇主题"和"宏观主题"，而是"句子主题"和"局部主题"，因此本节主要讨论的是同一个分句中"主语"和"主题"的语法关系之争。

对于汉语来说,"主语"是一个外来的概念,是从英语"subject"翻译过来的。和英语等形态特征较强的屈折语相比,汉语是一种非屈折语言,语法关系没有外显标记,因而不容易确定汉语的主语、宾语等语法成分。因此汉语界对于主语的语法范畴的认定标准还存在一定的争论。其中一个被语法学家们经常引用或讨论的典型例子如例(28)所示:

(28)台上坐着主席团。

对于主语的语法范畴的认定主要有三种观点:①纯意义观,主张纯凭意义关系确定主宾语,支持这一观点的人较少;②纯位置观,主张纯凭位置先后确定主宾语,支持这种观点的人相对前一种要多;③修正位置观,主张以位置为主,结合意义或其他结构关系,支持这一观点的人是三种观点中最多的。在例(28)中,根据纯意义观,该句的主语应为"主席团";根据纯位置观,该句的主语应为"台上";事实上,无论是"台上"还是"主席团",根据兰盖克(1991)对典型主语特征的描述,都属于非典型主语,而该句的主语究竟是"台上"还是"主席团"则需要根据上下文语境进行判断,取决于上下文所谈论的主要中心内容是什么。在本书中,我们对主语的语法范畴的认定采纳的是修正位置观。在例(28)所示的句子中,我们根据位置先后关系判定"台上"为这个句子的主语,而对于存在"主语"和"主题"争议的句子,则结合意义和其他结构关系进行判定。

而对于"主题",在汉语学界则存在更大争议。其中主要的一个分歧在于对"主题"和"主语"的关系的界定。其中有代表性的三个观点为:

1. 主语等于主题。这种观点认为,主谓结构由主语和谓语两部分组成,主语是陈述的对象,即说话的人要说到的话题,而谓语是对话题的说明。

2. 主题是主语的一部分。如例(30)所示的句子被看作并列主语句,其中"这本书"为大主语,"我"为小主语。在这种"大主语 + 小主语"的结构中,大主语往往是句子的话题,全句都为该话题提供信息,因此这类主语也称为"主题"。

3. 主语和主题是两个不同层面的概念。这种观点认为主题和主、宾语都是并列存在于句子中的成分。汉语中存在主题和主语,但性质不同,主题属于语用层面上的概念，主语是语法层面上的概念。在实际语篇中，二者可能合一，也可能对立。如在例（29）这样的句子中，名词性词语"我们"既在句首，处于主题的位置，又在谓语的前面，与谓语动词"热爱"有语义上的选择关系，所以既是主题，又是主语。因此在这样的句子中，主题和主语可以用同一个名词性词语实现重合。

（29）我们热爱祖国。

而在有些句子中话题和主语分别使用不同的名词性词语，有时还在主题与主语之间加上逗号以便强化主题与主语之间的界限，如以下例子所示：

（30）这本书，我不喜欢，Ø 太幼稚了。
（31）他肚子饿，Ø 走不动路了。

这类句子的特点是谓语动词或形容词谓语前面有两个名词性词语。对"主题"和"主语"概念的分歧主要集中在这种句子中。一部分学者如刘宓庆（1991）认为这两个句子都属于并列主语句或者说是双主语句，其中第一个主语也是句子的主题。另一部分学者则认为例（30）中的"这本书"本来是动词"喜欢"的宾语，但移至句首被主题化了，因此例（30）是一个主题化构式。而例（31）则被认为是一个双主语句也是双主题句。如曹逢甫（1995）将"他"和"肚子"分别称为"主要主题"和"次要主题"，屈承熹（2005：301）把这两个成分分别称为"主题"和"述题"。而文旭（2005）利用认知参照点理论，将汉语的双主语构式概括为这样一个结构：［（参照点）＋（主语＋谓语）］，其中参照点和主语之间的典型关系，如例（31）中"他"和"肚子"的关系，是一种领属者和被领属者的关系。

从胡钦谙（2008）和蒋平（2004）所作的统计来看，他们对于"主题"和"主语"倾向于采取第三种观点，即主题和主语是两个层次的概念，一个句子中的主题和主语可能是同一个成分，也可能是不同成分。胡钦谙的统计中句子的主题作为零形回指先行语的比例为 6.88%，蒋平的统计中这个比例为 5.3%，都小于句子的主语和宾语作为零形回指先行语的比例，而大于其他成分作为先行语的比例。

我们的观点是，"主题"本身并不是一个独立的语法成分，而是句子的其他语法成分被放置到句首形成的一种语法表征。无论是双主语结构还是主题化构式，都不是典型的语法结构，而是其他语法结构的变体。如例30 中的"这本书"实际上是"不喜欢"的宾语被前置到句首，而例 31 中的"他"实际上是主语"肚子"的领属语。因此，我们可以将汉语中主题归入两种语法成分中：一种是前置宾语，另一种是主语领属语。这样可以避免"主题"概念带来的模糊性和不确定性，而将汉语中语法角色的显著度层级序列以更明确的方式表述为：

> {主语，（包括主语领属语）} ＞前置宾语＞宾语＞旁语

根据本章第一节"二"中的讨论，主语相对于宾语和主语领属语都具有较高的语法显著度。然而根据第二章第二节"二"中的语料库统计的结果，类似"这本书"这样的前置宾语和"他"这样的领属语也可以在句子中凸显出来，作为零形回指的先行语。我们认为，这是由"他"相对于"肚子"的高语义显著度和"这本书"相对于"我"的高信息显著度所决定的。我们将在本章第二节、第三节对实体的语义显著和信息显著分别进行解释。

第二节　语义显著

兰盖克（1991：308）认为，典型的主语应具有高度的凸显性和最大的话题性。如果施事（agentive）、人类（human）、确定（definite）以及过程侧面（profile）关系中的图形（figure）这四大语义因素齐全，就是最理想、最典型的主语。如下例句中的"Henry"：

Henry hit the ball at the goal with a club.

Henry 这个人物主角在击球过程中是施事的参与者，是行为链的启动者，在整个动态事件中是最醒目的图形，也是该情境中的焦点凸显实体，集上述四大语义因素于一身，是典型的也是及物小句中最常见的主语。也就是说，典型主语的首选语义角色是施事者，因为那是整个行为链的起

点，是导致事件发生的能量源头，其影响力贯穿整个过程，因而具有最大化的主题性，同时呈现最高程度的凸显性。

　　也就是说，主语除了是一个语法角色之外，还被赋予了某些语义属性。如句子的主语常常是语义关系中的施事者，宾语常常是语义关系的受事者。沈家煊（1999）对于主语和宾语背后的施事和受事问题阐释如下。①主语和宾语的对立或不对称从语义上讲是施事和受事的对立和不对称。②施事和受事是典型范畴，以施事和受事为左右两级构成了一个语义成分的连续体，其他语义成分在这个连续体上有的靠近施事，有的靠近受事，有的居中。③主语和施事、宾语和受事之间并不完全是一一对应关系。然而，如果从典型范畴的理论的角度来看，可以说典型的主语就是施事，典型的宾语就是受事。张伯江（2007）也指出：汉语的话题位置，除了在少数情况下由受事、工具、处所、与事、感事等典型的非施事角色充当外，其他对句子所述事件具有起因责任的话题名词都或多或少带有施事的性质。

　　综上所述，主语和施事、宾语和受事是两个不同的层面的概念，典型的主语是施事，但并不是所有的主语都是施事，都会在语篇实体中凸显出来。和英语这种语法驱动型语言相比，汉语在语法约束力上要相对弱得多，更多的句子是由语义驱动，因此汉语句子的认知过程比英语句子受到更多语义因素的影响。这也是为什么英语中的零形回指基本上都以主语成分为先行语，而汉语中的零形回指的情况则相对复杂得多的原因之一。因此，有必要对影响汉语中先行语凸显度的语义因素展开讨论，以便于了解语义因素和语法因素如何在两个不同的层面作用于先行语的凸显度，以及它们之间是如何发生交互作用的，从而对汉语零形回指的认知机制获得一个更全面完整的认识。先行语的凸显体现在语法层面上是各语法角色之间显著度的不同，体现在语义层面上则是各语义角色之间显著度的不同。以下我们将介绍语言学理论对论元的语义角色的定义和划分，并从名词、动词和句式三个角度来探讨汉语中先行语凸显的语义因素。

一　论元的语义角色

　　传统语法把句子分为主语、谓语、宾语等成分，但是这些标签不能体现各成分的语义特征。生成语法提出了表层结构和深层结构，但对于各名词成分之间的语义关系，也没有给予应有的关注。要克服传统语法和生成语法的不足，菲尔墨（Fillmore，1968：24）认为最好的办法是关注人们对身边所发生的事件的判断，如谁是做事者、针对谁做了事、做事后产生了什么变化等，并提出了格语法（case grammar）理论。和传统语言学中的"主格""宾格"等概念不同，格语法中的"格"是"深层格"，指的是句子中个体词（包括名词、代词等）和谓词（包括动词、形容词等）之间的及物性关系，如动作和施事者的关系，动作和受事者的关系，动作和当事者的关系等。他最初提出了六个核心格：施事（Agent）、工具（Instrument）、与格（Dative）、使役/使成（Facilitate）、处所（Locative，Place）、客体/受事（Object，Patient）。之后又提出了更加边缘的如终点（Goal）、范围（Range）、时间（Time）、行经（Path）、伴随（Comitative）、永存（Essive）、转变（Translative）等。

虽然对于句子论元的语义角色划分以及不同论元间的语义显著度序列，一直未有一个统一的结论，但是基本上所有的相关研究［菲尔墨（1968）；杰肯道夫（Jackendoff，1972）；拉尔森（Larson，1988）；斯皮尔斯（Speas，1990）］都认可以下的语义显著度序列作为一个基本的框架：

施事 > 受事 > 其他

也就是说，实体的语义显著度主要取决于论元之间的施受关系，论元作为施事时，其所指的实体比受事所指的实体显著度高。因此，实体的显著度的研究可以归结于论元作为施事的地位的研究。

杰肯道夫（1972）和格里姆肖（Grimshaw，1990）提出了如下的题元角色（thematic role）层级，把施事放在最高位置，其思想和菲尔墨的施事优先是一致的。

施事 > 与事 > 处所/来源/目标 > 客体

菲尔墨的格语法提出以后，产生了广泛影响，但是在如何严格把握这些格语法角色上也出现了不少问题。格语法把论元角色看作离散的、界线清晰的概念，这种处理方法的缺点是：决定论元角色的是谓词的意义，而谓词的意义又是十分丰富、复杂的，用"施事""受事""感事""与事"等概括性的角色名称并不足以覆盖所有的动词语义所对应的论元角色的典型特征。因此道蒂（Dowty，1991）摒弃了"施事""受事""与事"等这种概括性层次，提出了直接用个体论元角色表达不同谓词的语义关系的原型角色理论（Theory of Thematic Pro-Roles）。道蒂指出，"施事""受事"并非初始概念，只有那些在自然语言中表现为跟论元选择相关的语义区别，才能够作为定义论元语义角色的相关信息。他将所有的语义角色模糊地分为两大类：原型施事（Proto-agent）和原型受事（Proto-patient），并描述了这两大角色所蕴含的两组语义特征。

原型施事特征主要包括：（其中下划线论元为原型施事）

1. 自主性（Volition）：有意参与事件或状态，例如：

John is being polite to Mary/ is ignoring Mary.

2. 感知性（Sentiment）：对事件或状态的感知，例如：

John recognizes Mary.

3. 使动性（Causing Event or Change-of-state）：导致事件或另一参与者的状态变化，例如：

John broke the window.

4. 位移性（Undergoing Movement）：相对于另一参与者的位置移动，例如：

John walked to school

原型受事特征主要包括：（其中下划线论元为原型受事）

1. 变化性（Undergoing Change of State）：经历了状态变化，例如：

John erased the error.

2. 渐成性（Incremental Theme）：事物在事件中逐步形成，例如：

John sprayed some paint on the wall.

3. 受动性（Causally Affected）：被另一参与者直接影响，例如：

John broke the window.

4. 静态性（Stationary）：相对于另一参与者是固定的，例如：

John walked to school.

这些特性的描述，把此前大多数研究者关于"施事""受事"问题提出的相关的定义以及概括的特征都涵盖进来了，并且层次性和系统性更强。我们平常所说的"施事""受事""感事""工具""对象"等语义成分在概念上最根本的区别，可以理解为施事性和受事性程度强弱的不同。原型施事和原型受事各自的特征最为明显，因此分别位于同一个连续体上的两极，所有其他的语义成分都可以看作分布在这个连续体上的一些点，代表有关原型特征的某些典型组合。

下面我们以一个汉语句子为例，来演示原型角色理论对汉语语义角色的阐释：

（32）老师把奖品扔给学生。

例（32）中各论元的原型施事和原型受事特征如表4-3所示：

表4-3   例（32）中各论元的原型施事和原型受事特征

		老师	奖品	学生
原型施事特征	自主性 感知性 使动性 位移性	√ √ √ 	 √	
原型受事特征	变化性 渐成性 受动性 静态性		√ √ √	 √

这个句子中，"老师"这个论元具有3项原型施事特征，0项原型受事特征，因此是较为典型的原型施事；"奖品"这个论元具有1项原型施事特征和2项原型受事特征，因此属于原型受事；"学生"这个论元具有1项原型受事特征，0项原型施事特征，因此属于原型受事。

然而原型角色模型也并不能完全准确地确定实体的语义层级。这主要是因为原型施事和原型受事的蕴涵对论元映射很难建立一个统一的描写机制。这些蕴涵是零散、相互重叠、相互制约的，有些蕴涵会使另一些蕴涵失去效用，还有些蕴涵只有以另一些蕴涵为前提才起作用，仅仅以蕴涵特征的数目并不能完全确定语义角色。因此袁毓林（2002）在研究汉语中各论元的语义角色时，采用了一种将格语法和原型角色理论进行结合的方法。他借鉴原型角色理论的语义分析方法，尝试对现代汉语动词常见的17种论元角色进行了语义特征的分析。这17种角色中，具有原型施事语义特征的论元有4个，分别为：

1. 施事：自主性动作、行为的发出者，如以下句子中的"小王"：
小王吃了一个馒头。
2. 感事：非自主的感知性事件的主体，如以下句子中的"老王"：
老王认识李校长哥。

3. 致事：某种致使性事件的引起因素，如以下句子中的"他的成就"：

他的成就令同行羡慕。

4. 主事：性质、状态或变化性事件的主体，如一下句子中的"小王"：

小王长了一个疖子。

具有原型受事语义特征的论元有 5 个，分别为：

1. 受事：因施事的行为而受到影响的事物，如以下句子中的"小刚"：

韩老师批评了小刚。

2. 与事：动作、行为的非主动的参与者，如以下句子中的"一本词典"：

张三给了李四一本词典。

3. 结果：由施事的动作、行为造成的结果，如以下句子中的"一件毛衣"：

妈妈给我织了一件毛衣。

4. 对象：感知行为的对象和目标，如以下句了中的"广告业务"：

小王熟悉广告业务。

5. 系事：在事件里跟主事相对的事物，如以下句子中的"三个儿子"：

许先生有三个儿子。

袁毓林通过对这些论元角色的原型施事特征和原型受事特征的分析，认为它们按照原型施事和原型受事的典型性排序应为：

> 原型施事：施事 > 感事 > 致事 > 主事
>
> 原型受事：受事 > 与事 > 结果 > 对象 > 系事

袁毓林的这个层级排序在"施事 > 受事 > 其他"的语义显著度基本层级的基础上又对施事性和受事性论元进行了更详细的划分，集合了汉语的名词和动词的语义等因素，具有更好的实用性。由于越典型的原型施事意味着施事性越强，论元的语义显著度越高；越典型的原型受事意味着受事性越强，论元的语义显著度越低，因此我们可以在袁毓林的这个层级排序的基础上将这些论元的语义显著度进行如下排序：

施事 > 感事 > 致事 > 主事 > 系事 > 对象 > 结果 > 与事 > 受事

接下来我们将在这个论元角色语义显著性层级排序的基础上，从名词和动词两个角度对汉语中论元的语义显著性展开分析。

二 名词生命度与语义显著

从名词自身角度对实体的施事性的考察，主要集中在对"生命度"（animacy）的研究上。生命度是生命范畴在语言中的主要表现，它将生命范畴量化为可见的等级序列，使生命范畴的研究更具体和深入。生命范畴的划分属于人类思维中一些基本概念的区分问题，它首先属于语义层次，因此必将在语言中有所反映。

对于生命度的等级，科姆里（Comrie，1989：231）给出了一个由高到低的生命度等级的基本序列：

人 > 动物 > 无生命物

同时科姆里（1989）也指出，作为语言学概念的生命度，不可能完全对应于生物学意义上的生命度，原来意义上的生命度，即从人类经动物到无生命这个等级，并不是对生命度进行讨论的唯一框架。因此后来的研究者又在此基本框架的基础上对名词的生命度序列进行了更深入的区分和扩展。如克罗夫特（Croft，1990：112）给出的以下生命度等级序列：

第一/二人称代词 > 第三人称代词 > 专有名词 > 指人名词 > 非指人有生名词 > 无生名词的生命度序列

这种生命度等级序列虽然是对自然界生命现象的反映，但并非是对生命本体的原始反映。特别是代名词和非代名词、专有名词和普通名词之间的区别显然不是原始意义上的生命度的反映，而是对实体的熟悉度、有定性、可及性等的反映。

张伯江（2007）在科姆里（1989）的基本框架下，根据具体性、移动性、意愿性、理性等因素对名词的生命度进行了进一步的划分，给出了如下所示的名词生命度层级序列：

> a. 有生命事物 > 无生命事物
>
> b. 具体事物 > 抽象事物
>
> c. 可移动的事物 > 不可移动的事物
>
> d. 有理性的生物 > 无理性的生物
>
> e. 有意愿的生物 > 无意愿的生物

　　我们认为，代名词和非代名词、专有名词和普通名词之间的区别主要在于熟悉度和有定性上的区别，在语用分析的层面上可能会有更大的研究意义，而体现在施事性上，这些概念之间并无明显的区别。相比之下，张伯江的这个多重序列在名词施事性的描述上具有更强的解释力。在这个名词生命度层级序列中，每一层序列左端的名词大部分都具备某些相对高生命度特征，比右端的名词具有相对更高的生命度，因此都具有较高的施事性。

　　虽然不同生命度的实体都可以作为施事，但是这些实体作为施事的倾向性是不同的。科姆里（1989：240）指出及物结构最自然的类型是施事的生命度较高，而受事的生命度较低，任何对这一模式的偏离会导致较特殊的有标记结构。因此有些语言里必须改变语态使生命度较高的名词短语移到主语位置上，在及物结构中，如果施事的生命度高于或等于受事，必须用主动结构；如果受事的生命度高于施事，则必须采用被动结构。这也是和我们在本章第一节"二"中提到的被动结构中通过句位的变换来凸显焦点，使语法宾语上升为语法主语，将其置于认知上的凸显成分来描述相符合的。克罗夫特（1990：111—139）也指出高生命度的论元在语序上经常前置于低生命度的论元。

　　在汉语中，虽然当低生命度的名词为施事角色时，也可以作为句子的主语，但是采用被动结构将高生命度名词置于主语位置上通常来说更符合人们日常的习惯。如以下例子所示：

　　（33）a. 我被一辆车撞倒了。

　　　　　b. 一辆车把我撞倒了。

　　例（33）-a 相对于例（33）-b 是一个更自然的表达方式。在这个句子中，具有较低生命度的"一辆车"是"撞倒"这个行为的施事者，而具有较高生命度的"我"是"撞倒"这个行为的受事者。为了使高生命度的"我"可以在语篇中凸显出来，更符合人们习惯的认知方式，"我"被转移到了主语位置上，形成了被动结构。

从类型学的观点来看，语言中存在生命范畴这一现象是一种非蕴涵性的倾向共性。但生命范畴在各语言中的表现既有共性，也有个性，总的来说倾向于共性。科姆里（1989：232）认为生命度的存在跟它在任何特定语言里的体现形式无关。不过它在特定语言里的体现形式是不一的。生命度等级在语言中一个普遍的特征是反映为"话题价值"的等级，即在生命度等级中越是处于较高位置的越容易做话题。

研究者们通过多个认知实验证明了名词的生命度是影响实体的"话题价值"，也就是凸显度的语义因素之一。如普拉特萨拉和布兰尼根（Prat-Sala & Branigan，1999）通过实验发现，当实验被试被要求对一段文字进行续写时，他们更倾向于将篇章中之前出现过的凸显度最高的实体置于其他实体之前来完成自己的句子。而当之前凸显的实体是具有高生命度的实体时，这种倾向尤其明显。福村和高佩尔（Fukumura & van Gompel，2011）不仅通过实验验证了当高生命度名词和低生命度名词出现在同一个句子中时，被试更倾向于选择高生命度的名词作为主语进行续写，还考察了先行语的生命度对于被试回指形式的选择的影响。结果发现，当选择高生命度的名词作为先行语进行续写时，被试使用代词回指形式的倾向性比选择低生命度名词为先行语时更高。当先行语为低生命度名词时，则更倾向于采用名词回指的形式。由于代词回指相对于名词回指是更高可及性的标示语，该实验结果证明了高生命度名词相对于低生命度名词来说作为先行语的可及性更高。

高生命度名词的这种高"话题价值"和高认知凸显性使其在语义上具有比低生命度名词更高的显著性，因此作为零形回指先行语的倾向性也更高。除了作为句子主语外，高生命度名词的语义显著性还体现在作为领属定语时充当零形回指先行语的情况中，如以下例子所示：

（34）a. 范博文的脸色又立刻变了，Ø 只差没有转身就走。[1]

（35）a. 范博文的心一横，Ø 作势地退后一步，Ø 身子一蹲，Ø 便当真想往池子里跳了！[2]

---

[1] 摘自茅盾《子夜》。

[2] 同上。

在例（34）－a中，"范博文"是一个人，是有生命的具体的事物，而"脸色"是人的一种生理表征，是无生命的抽象的事物，因而前者的生命度明显高于后者。在例（35）－a中，虽然"范博文"和"心"都属于有生命的具体的事物，但是"范博文"作为一个人属于有理性、有意愿的生物，而"心"作为人的一个器官则是无理性、无意愿的生物，因而前者的生命度还是高于后者。所以在这两个句子中，作为主语修饰语的领属定语由于较高的生命度带来的高语义显著度，在认知过程中被凸显出来，成为之后分句中零形回指的先行语。

类似（34）－a，（35）－a这样的句子也经常在领属定语和主语之间省略"的"，使得句子看上去更像是"主题＋主语"的结构，如例（34）－b和例（35）－b所示：

（34）b. 范博文脸色又立刻变了，Ø 只差没有转身就走。

（35）b. 范博文心一横，Ø 作势地退后一步，Ø 身子一蹲，Ø 便当真想往池子里跳了！

一些研究者在对这样的句子中的零形回指进行分析时，将"范博文"这样的"脸色"和"心"的领属者作为句子的主题处理，认为在这样的句子中，主题相对于主语更加凸显的原因是"主题"的语法显著度高于"主语"。而根据我们在本章第一节"四"中的分析，"主题"和"主语"之间的关系还存在争议，"主题＋主语"并不是一个严格意义上的语法结构。我们认为这种结构可以作为"领属定语＋主语"来处理，而"范博文"相对于"脸色"和"心"更加凸显而成为零形回指的先行语的原因应该从语义显著的角度解释为是由于领属定语的生命度高于主语。

许余龙等（2013）的语料库研究显示，在现代汉语篇章回指中，如果主语和主语领属语在生命度方面有差异，那么生命度较高的那个名词短语优先被选作先行语；如果主语和主语领属语在生命度方面相等，那么主语优先被选作先行语。也就是说，高生命度的主语比低生命度的主语有更高的倾向优先于主语领属语成为零形回指的先行语。这一发现一方面支持了兰盖克（1999：176）所提出的NP1's NP2结构中NP2作为射体相对于作为界标NP1的凸显性，另一方面则揭示了名词生命度对于其语义显著度的影响。在第六章第三节中，我们将通过认知实验的方法，通过对主语的领属定语和主语分别充当零形回指先行语的倾向性的考察对名词生命度对实体的语义显著度的影响进行进一步的验证。

三　动词施事性与语义显著

在上一节我们提到，施事的生命度较高，受事的生命度较低是典型的语义表达模式。然而，具有某些相对高生命度特征的名词并不必然带有施事性信息，而具有同样生命度等级的名词出现在同一个语义事件中时，也会存在着语义显著度的差异，如以下三个例子所示：

（36）三味书屋后面也有一个园，（Ø＝园）虽然小，但在那里也可以爬上花坛去折腊梅花，在地上或桂花树上寻蝉蜕。[1]

（37）不过爱农得到了一种新消息，（Ø＝新消息）却使我很为难。[2]

（38）其时正值日俄战争，托老先生便写了一封给俄国和日本的皇帝的信，（Ø＝信）开首便是这一句。[3]

在例（36）中，"三味书屋"和"园"具有相同的生命度等级，但是根据语义判断，零形回指的先行语只能是"园"而不是"三味书屋"。在例（37）中，"爱农"的生命度明显高于"新消息"，但是根据语义判断，零形回指的先行语明显是"新消息"而不是"爱农"。在例（38）中，"托老先生"的生命度明显高于"信"，但是根据语义判断，零形回指的先行语明显是"信"而不是"托老先生"。以上例子说明名词生命度并不是决定实体在语篇中的语义显著度的唯一因素。在这一节，我们将对影响实体的语义显著度的另一个语义因素——动词性因素，也就是论元的施事性展开讨论。

多数学者在研究汉语中的施受角色时，持"动词中心说"，认为论元的语义角色是由动词决定的，根据动词的语义类别可以对论元的语义角色进行预测。最早进行这方面研究的是马庆株（1988）。他从施动者的角度

---

[1]　摘自鲁迅《三味书屋》。

[2]　摘自鲁迅《范爱农》。

[3]　摘自鲁迅《藤野先生》。

对动词进行概括性的语义分类，将汉语中的动词分为自主动词和非自主动词，认为自主动词的主语一般是施事性论元，非自主名词可以与施事性论元联系也可以不与施动性名词相联系。然而我们发现自主动词和非自主动词之间有时并没有很清晰的界限，有些动词在有些情况下是自主用法，有些情况下则是非自主用法，如表4-4所示：

表4-4　　　　　　　　动词的自主用法和非自主用法示例

	自主用法	非自主用法
听	专心听老师讲课	就听他一人说个不停
做	做了块蛋糕	做了回傻瓜
让	我把座位让给了那个老人	他的话让我很尴尬

此外，根据这种分类方法无法对具有原型施事角色特征的四类论元：施事、感事、致事和主事进行区分。这些论元都可以作为自主动词的主语，致事和主事还可以作为非自主动词的主语。因此，这种基于动词自主性的分类方法并不能够准确地区分论元的语义角色。

《现代汉语语义词典》是中科院计算技术研究所在1994年开发"汉英机器翻译模型系统"时，与北京大学计算语言学研究所联合开发的。该词典在充分吸收汉语语义学及配价理论研究的最新成果的基础上，逐词进行了语义分类及配价信息描述，使机器能够借助它提取真实文本中句子所携带的语义信息。其中动词部分的分类如表4-5所示：

表4-5　　　　　　　　《现代汉语语义词典》动词分类

	1. 关联：是 有 包括 等于 姓 含 存在	
	2. 心理活动：企图 认识 赞成 否啬	
运动	3. 行为	3.1 自变：死 病 3.2 促变：繁荣 减少 3.3 自为：笑 休息 咳嗽 3.4 自移：游泳 走 跑 3.5 搬移：扔 搬 退 扛 3.6 对待：看 庆祝 参考 3.7 给予：卖 买 获得 3.8 获取：买 取得 3.9 创造：写 创建 描绘 3.10 遭受：遭到 受到 蒙受

在本研究中，我们把"使""令""让"等使役动词也归类为表达"促变"的行为动词。通过对这个动词分类表的语义分析，我们认为，该动词分类体系可以与我们在本章第二节"一"中提到的原型施事类论元角色和原型受事类论元角色相对应，如表4-6所示：

表4-6   动词类型与原型施事类论元角色和原型
                  受事类论元角色的对应关系

关联类动词：	主事 + VP + 系事
心理类动词：	感事 + VP + 对象
行为类动词：自变	主事 + VP
促变 搬移 对待	施事 + VP + 受事
自为 自移	施事 + VP
给予	施事 + VP + 与事 + 受事
创造	致事 + VP + 结果
遭受	主事 + VP + 系事

从表4-6中可以看出，关联类动词对应的原型施事性论元为"主事"，对应的原型受事性论元为"系事"；心理类动词所对应的原型施事性论元为"感事"，对应的原型受事性论元为"对象"。而除了在"自变"和"遭受"两个子类别中外，行为类动词所对应的原型施事性论元都是"施事"或"致事"，对应的原型受事性论元主要是"受事"和"结果"。其中对应于"致事"和"结果"的主要是"创造"类动词，在有些研究中又被称为"结果动词"，表达的是在动词所表示的动作行为作用下致使产生了新事物。和其他行为动词不同的是，这类动词的宾语不是动作的受事，而是动作的结果，同时动词的主语还具有很强的致事性。结果动词都隐含着一个共同的语义"使产生"。这一语义处于核心地位，而原有动词在语义表达上发生了降级，仅处于表示动作方式的地位，修饰限制处于中心语位置的"使产生"的语义。结果动词语义发生降级的原因是"结果动词＋结果宾语"的语义重点是传达"新产生某结果"的信息，而不是通过什么动作方式产生的结果。因此在本研究中，我们把这一类动词和其他行为动词区分开，认为其处在较低一级的施事性层级中。关于这类动词，我们将在本章第三节"三"中进行详细介绍。

在本章第二节"一"中我们介绍了原型施事性论元和原型受事性论

元的典型性层级序列：

> 原型施事：施事 > 感事 > 致事 > 主事
> 原型受事：受事 > 与事 > 结果 > 对象 > 系事

　　动词对应的原型施事性论元和原型受事性论元典型性越强，说明动词的施事性越强。同理，动词对应的原型施事性论元和原型受事性论元典型性越弱，说明动词的施事性越弱。因此，通过这些语义论元和动词的对应组合，我们可以类推出不同类别的动词的施事性强弱从高到低依次为：

> 行为动词 > ｛心理动词，结果动词｝ > 关联动词

　　在这个序列中动词的施事性越强，说明其对应的原型施事性论元典型性越强，语义显著度越高。在典型的主动句 SVO 结构中，动词对应的原型施事性论元通常是该动词的主语，因此动词的施事性越强，对应的主语的语义显著度越高。

　　将心理动词和结果动词置于同一个施事性层级的原因是心理动词对应的原型施事性论元是"感事"，其作为原型施事性论元的典型性强于结果动词对应的原型施事性论元"致事"，而其对应的原型受事性论元的受事性"对象"作为原型受事性论元的典型性弱于结果动词对应的原型受事性论元"结果"。因此无法根据原型施事性论元和原型受事性论元的典型性层级序列对这两类动词的施事性强弱进行明显地界定，而只能推导出它们的施事性都低于行为动词而高于关联动词。

　　在这个动词施事性的层级序列中，行为动词中的"自变"和"遭受"两个子类别没有被考虑在内。但实际上，由于"自变"子类别对应的结构中只有一个主要论元，因而该论元具有绝对的语义显著性。而"遭受"子类别对应的原型施事性论元通常为具体的人或事物，原型受事性论元通常为表示不好的遭遇的抽象名词，因而从生命度层次的角度来看，"遭受"子类别中的原型施事性论元通常也具有较高的语义显著度。因而这两类子类别动词所对应的论元的语义显著度情况和普通行为类动词对应的论元显著度情况基本类似。

　　而致事论元的情况比较特殊，其所对应的"使""令""让"等使役动词形成的结构可以表示为：致事 + VP1 + 主事/感事 + VP2 + X，其中VP1 表示使役动词。VP2 对应的可以是关联动词、心理动词，也可以是行

为动词，X 是和 VP2 语义相对应的语义角色。这种结构其实是一种兼语结构，其中零形回指的认知因素较为复杂，不仅牵涉到先行语的凸显度问题，还牵涉到距离等因素。我们将在第五章第一节中对这类结构中的零形回指认知展开讨论。

对照我们在这一节开始给出的三个例句，在例（36）中，"有"是一个关联动词，在例（37）中，"得到"在这里相当于"听说"的意思，是一个心理动词，在例（38）中，"写"是一个结果动词。这些动词的施事性相对行为动词来说较弱，因而为主语的语义相对不显著提供了可能。然而动词施事性的强弱只能解释为什么在这些句子主语具有较弱的语义显著性，因而在实体序列中凸显度不高，而不能解释为什么宾语会在先行语序列中凸显出来，成为后一小句零形回指的先行语。在本章第三节中，我们将讨论另一种造成实体凸显的因素——信息因素。动词语义一方面影响着动词主语和宾语的语义显著度对比，另一方面也对动词宾语的信息显著度起到影响作用。在第六章中，我们将通过认知实验的方法，来考察动词语义对于动词宾语的凸显度的影响。这种凸显度一方面来自于语义显著因素，另一方面则来自于信息显著因素，这两种因素相互独立而又彼此关联，从两个不同的层面共同决定了动词语义对于动词宾语的凸显度的影响。

四　构式与语义显著

构式语法（Construction Grammar）是在对传统语法理论和美国生成语法理论的反思和批判的基础上建立起来的一种以认知语言学为基础的理论体系。在构式语法理论中，构式是形式与意义的结合体，是语法中独立存在的单位，它的存在不能从语言中先已存在的其他构式的知识中得到完全预测［戈德堡（Goldberg，1995：1—23）］。与侧重语法规则的普适性，从纯语法的角度来分析语言结构的生成语法不同的是，构式语法关心的是语言中的特殊结构，采取的是语法—语义结合的角度来对这些语言结构的认知机制进行解析。自从构式语法被引入汉语学界以来，被广泛应用在汉语一些特殊句式的分析上。张伯江（1999）是国内最早运用构式语法对汉语特殊句式进行研究的学者之一。他在考察双及物构式原型特征的基础上，提出了"隐喻"和"转喻"两种机制是构式义的扩展基础的观点；沈家煊（2000）在研究中发现构式语法对汉语句式具有强大的解释力。他认为句式整体意义的把握跟心理上的"完形"感知一致，都受到一些基本认知原则的支配。以下将以汉语中的一个特殊句式——"把"字句为例，探讨构式中的语义显著性对于汉语零形回指的影响。

现代认知语言学的研究启示我们，空间关系是人的一种最基本的认知图式，是其他关系的认知基础，而状态的变化是空间变化的一种映射。对于"把"字句的认知图式，目前已经有若干研究。张伯江（2000）将"把"字句的认知图式归为"他动"的位移图式。认为"把"字句所表示的行为首先是针对一个选定的目标的，进而使它产生位移或状态的变化。句子的主语作为行为的施事者，是"行为责任人"，具有强意志性。张旺禧（2006：13）认为典型的"把"字句表现的是一个物体在外力作用下发生空间位移的过程，凸显的焦点是物体（"把"后名词）的位移终点（方向），"把"字句语义中的各种状态的改变其实都是空间位移的隐喻的表达方式。然而这些对"把"字句的认知图式的描述并没有对不同语义类型的"把"字句进行区分，以下我们将在对"把"字句进行语义分类的基础上对不同语义类型的"把"字句的认知图式分别进行描述和阐释。

关于"把"字句的构式语义，语法学界现在比较普遍的观点是根据主语的语义类别，"把"字句可以分为两大类：一类是处置式"把"字句，表示的是"A对B进行了某种处置"，主语是动作的发出者，宾语是主语发出的动作处置的对象。基本结构是：A（施事）＋把＋B（受事）＋VP（谓语动词）＋C（补充成分），如例（39）所示。张伯江提出的主语作为行为施事者的"他动"认知图式主要适用于这种类型的"把"字句；另一类是致使式"把"字句，表示的是"A通过致使方式使B出现某种状态"，主语本身并不是动作的发出者，而是致使事件发生的外力，而"把"后接的名词成分是在外力的影响下出现某种状态的主体。基本结构是：A（致事）＋把＋B（主事）＋VP（谓语动词）＋C（补充成分），如例（40）所示：

（39）张三把钱都花在赌博上了。
（40）那事把她吓坏了。

除了这两种被普遍认可的"把"字句的类型外，还有一种"把"字句，其基本结构是A（受事）＋把＋B（施事）＋VP（谓语动词）＋C（补充成分）；如例（40）所示：

（41）那些字把她写得头昏眼花。

张豫峰（2006）把这种"把"字句看作致使式"把"字句的一种，但是我们认为，这种"把"字句中，虽然 A 段才是导致 B 段发生某种状态的原因，但是 A 段和 B 段之间的受事—施事的语义关系和致使式"把"字句中的致事—主事关系不同，因此该构式的语义有别于前一种致使式"把"字句。我们在这里把它称作"受事式""把"字句。

我们在兰盖克（Langaker，1991：286）的标准事件模式（Canonical Event Model）的基础上将处置式"把"字句、致使式"把"字句和受事式"把"字句的构式语义用认知图式分别作如下描述：

图 4－4　处置式"把"字句构式图

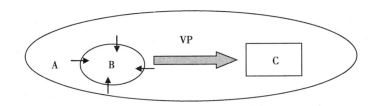

图 4－5　致使式"把"字句构式图

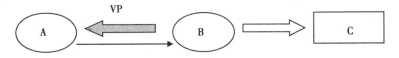

图 4－6　受事式"把"字句构式图

其中不同箭头类型所表达的认知语义如下所示：

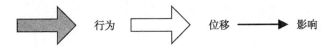

用构式图来描述例（39）、例（40）、例（41），分别如图 4－7 所示。根据标准事件模型，行为链的"头"是施事，"尾"是经历了状态变

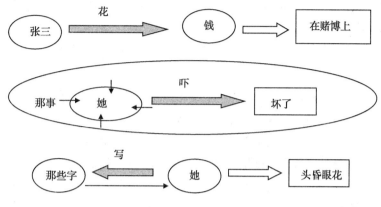

图 4 - 7　例（39）、例（40）、例（41）的构式图

化的受事，导致状态变化的就是代表能量传输的行为动词。在我们的构式图中，行为链的"尾"是施事或受事所呈现的状态。在标准事件模型中，只有行为动词才能导致能量的传输，而在我们的构式图中，我们用实心箭头表示行为动作的发出，空心箭头表示空间位移或状态的改变，单线箭头表示施加的影响。无论是实心箭头还是空心箭头还是单线箭头都代表能量的传输。在图 4 - 4 所示的处置式"把"字句构式图中，施事者 A 向受事者 B 发出 VP 代表的某种动作，当 B 接收到 VP 传来的能量后，呈现出 C 的状态。在图 4 - 5 所示的致使式"把"字句构式图中，A 作为致事者，包含的不只是某个行为的参与者，还包括和其有关联的一系列信息，这些信息通常在该构式的上文中已经被提供。这些相关信息的总和，在该构式中扮演的是事件背景的角色。在这一背景的影响下，主事者 B 发出了某种行为，并呈现出了 C 的状态。在图 4 - 6 所示的受事式"把"字句构式图中，施事者 B 向受事者 A 发出了某种行为，又从 A 处获得了某种反馈，从而呈现出了 C 的状态。我们认为，这种集行为、位移、影响为一体的能量传输体系比单纯的用行为动词表示能量传输的体系更能全面地反映人们对事件概念的形成和认知过程。

在这里，我们以包含两个分句的复合句为研究样本，其中前一分句为"把"字句结构，后一分句的主语为零形式。其基本形式为 S = S1 + Ø S2，其中 S1 的基本构式为：A + 把 + B + VP + C，Ø 的先行语在 S1 中，为 A 和 B 中的一个。

在处置式"把"字句中，A 段作为 VP 这个行为的施事者，是能量传输的源头，具有强意志性和凸显性，而 B 段是行为的受事者，是能量传输的载体和中间环节，在整句中具有最弱的凸显性。因此 S2 中 Ø 的先行语，通常由 S1 的 A 段充当，而不会由 B 段来充当。如以下例句所示：

（42）a. 我把他当作我最好的朋友，（Ø = 我）对他一点都没有防备。

b. *我把他当作我最好的朋友，（Ø = 他）却背叛了我。

→我把他当作我最好的朋友，他却背叛了我。

（43）a. 远处的声响把我从睡梦中惊醒，（Ø = 远处的声响）听起来像是警报声。

b. *远处的声响把我从睡梦中惊醒，（Ø = 我）赶快爬起来看看是怎么回事。

→远处的声响把我从睡梦中惊醒，我赶快爬起来看看是怎么回事。

在以上四个例句中，根据整句话的语义信息，都可以确定 S2 中 Ø 的先行语。在例（42）–a 和例（43）–a 中，S2 中 Ø 的先行语为 S1 的 A 段，和处置式"把"字句的构式语义相符合，因此是符合汉语表达习惯的正确的句子，在这样的句子中，使用零形回指反而比在 Ø 的位置填充代词或名词回指语更加符合汉语的表达习惯。而在例（42）–b 和例（43）–b 中，根据上下文语义，S2 中 Ø 的先行语应为 S1 的 B 段，和处置式"把"字句的构式语义相冲突，因而是不符合汉语表达习惯的问题句。在这样的句子中，零形回指语的位置必须由有代词或名词回指语来填充才能使整句话成为合理的句子。

在致使式"把"字句中，A 段为致事者，B 段为感事者。从图中看，A 段和 B 段都是能量的发出者。但 A 段是 B 段发生 C 状态的原因，是相关背景信息的总和，在当前把字结构中被简化成一个名词短语，作为已知信息在句中出现，用于引出新信息。

在这里我们可以用一个句式变换的例子把处置式"把"字句和致使式"把"字句作一个对比。致使式"把"字句［如例（44）所示］可以转换成如因果复句，而不影响句子的意思，但处置式"把"字句［如例（45）所示］却不可以：

（44）他把我感动了。→ 因为他，我感动了。

（45）他把我打了。→ * 因为他，我打了。

例（44）和例（45）的表面结构相同。例（44）是致使式"把"字句，"他"是"我感动"的原因，"我"是感动这一行为的"感事"，因此该句可以改写成一个因果复句。而例（45）是处置式"把"字句，"他"是"打"这一行为的施事者而非造成这一行为的原因，"我"是"打"这一行为的受事者。如果和例（44）一样改写成因果复句，则表达的意思通常是"因为他的原因，我被其他的人打了"，和原句意思不符。

通过例（44）和例（45）的对比，可以看出，处置式"把"字句中的 B 段对 A 段施加的动作 VP 只是进行被动接受，而在致使式"把"字句中，B 段需要在主观接受 A 段的影响并且进行能动的反馈后才能发出 VP 这一行为状态，因此致使式"把"字句的 B 段的自立性明显高于处置式"把"字句中 B 段的自立性，通常为具有强意志性的主体。

致使式"把"字句中的 B 段作为新信息具有较高的凸显性，同时作为 VP 的主题，又具有自立性和强意志性，因此当 S1 为致使式"把"字句时，∅ 的先行语有更大的可能由 B 段充当。如以下例句所示：

（46）a. 他把我感动坏了，（∅＝我）眼泪都流下来了。

b. * 他把我感动坏了，（∅＝他）这么无私地帮助我。

→他这么无私地帮助我，把我感动坏了。

（47）a. 春节把孩子们的心都玩儿野了，（∅＝孩子们）现在都没有心思学习了。

b. * 春节把孩子们的心都玩儿野了，（∅＝春节）过得太热闹了。

→春节过得太热闹了，把孩子们的心都玩儿野了。

在以上四个例句中，根据整句话的语义信息，都可以确定 S2 中 ∅ 的先行语。在例（46）－a 和例（47）－a 中，S2 中 ∅ 的先行语为 S1 的 B 段，和致使式"把"字句的构式语义相符合，因此是符合汉语表达习惯的正确的句子。而在例（46）－b 和例（47）－b 中，根据整个句子的语义信息，S2 中 ∅ 的先行语应为 S1 的 A 段，这和致使式"把"字句的构式语义相冲突，因而是不符合汉语表达习惯的问题句。这是因为在例（46）-b和例（47）-b中，"他"和"春节"作为导致"我感动坏了"和"孩子们的心都玩儿野了"的原因，是已知信息，而S2是对"他"和"春节"的背景介绍，应该出现在S1的前面才符合正常的语序，使整句话成为合理的句子。

在受事式"把"字句中（如图4-6所示），A段并不是行为的施事者，而是行为的受事者，本身不能够发出任何能量，只是会对行为的施事者产生某种影响。B段才是行为的真正施事者，能量的发出者，状态C对应的主事，具有强意志性。因此B段相对于A段具有更强的凸显性，通常会充当下文中Ø的先行语，如以下例句所示：

> （48）a. 一千米就把他跑得喘吁吁，（Ø=他）大呼吃不消。
>
> b. *一千米就把他跑得气喘吁吁，（Ø=一千米）还不算最难的项目。
>
> →一千米还不算最难的项目，就把他跑得气喘吁吁。
>
> （49）a. 山楂糕把牙给吃软了，（Ø=牙）什么别的东西都吃不了了。
>
> b. *山楂糕把牙给吃软了，（Ø=山楂糕）好吃是好吃。
>
> →山楂糕好吃是好吃，把牙给吃软了。

在以上四个例句中，根据整句话的语义信息，都可以确定S2中Ø的先行语。在例（48）-a和例（49）-a中，S2中Ø的先行语为S1的B段，和受事式"把"字句的构式语义相符合，因此是符合汉语表达习惯的正确的句子。而在例（48）-b和例（49）-b中，S2中Ø的先行语应为S1的A段，和受事式"把"字句的构式语义相冲突，因而是不符合汉语表达习惯的问题句。在这两个句子中，由于"一千米"和"山楂糕"是"他"和"牙"发生某种状态位移的原因，因此S2实际为S1的背景信息，应该出现在S1的前面才符合正常的语序，使整句话成为合理的句子。

综上所述，这三种不同类型的"把"字句中主语和宾语的生命度、语义角色及动词类型如表4-7所示：

表4-7 不同类型"把"字句中论元的语义显著度对比

	主语生命度	宾语生命度	动词类型	主语语义角色	宾语语义角色
处置式"把"字句	高	高/低	行为动词	施事	受事
致使式"把"字句	高/低	高	心理动词	致事	感事
受事式"把"字句	低	高	行为动词	受事/致事	施事/主事

从表4-7中可以看出，处置式"把"字句中，主语的生命度高于或等于宾语，动词类型为行为动词，施事性较强，且主语的语义角色为施事，宾语的语义角色为受事。因此在处置式"把"字句中，主语相对宾语的语义显著度明显，通常由主语充当后一分句中零形回指的先行语。致使式"把"字句中，主语的生命度低于或等于宾语，动词类型为心理动词，施事性较弱，主语的语义角色为致事，宾语的语义角色为感事。因此在致使式"把"字句中，宾语相对主语具有更高的语义显著度，由宾语充当后一分句中零形回指的先行语的可能性比主语更大。受事式"把"字句中，主语的生命度低于宾语，动词类型为行为动词，施事性较强，且主语的语义角色为受事/致事，宾语的语义角色为施事/主事。因此在受事式"把"字句中，宾语的语义显著度明显高于主语，通常由宾语充当后一分句中零形回指的先行语。因此，构式对论元成分的语义显著度的这种影响，从本质上来说，其实也是由名词的生命度和动词施事性两方面因素决定的。

第三节 信息显著

在对语义显著的讨论中，我们发现，某些具有相对高生命度特征并位于句子主语位置的名词并不必然会成为零形回指的先行语，如本章第二节"三"中的例（36）—（38）所示。然而在这几个例句中，语义显著因素只能解释为什么这类句子的主语并不具有强语义显著度，却无法解释为什么这类句子的宾语可以在实体序列中凸显出来，成为零形回指的先行语。

根据信息结构理论（Information Structure Theory）的思想，新信息对交际的发展起到更大的作用，是激活后续语篇信息的参照点，因此在语篇中具有更高的信息地位。在汉语语篇回指的研究中，一些研究者注意到了新信息的突出的认知地位。陈平（1987）指出先行语在两种情况下启后性最强，一是做主语，二是作为新的信息成分出现在存现动词后面或者做普通动词的宾语。游（1996）认为由"介绍/变化的世界"的谓语刚刚引进的新成分可能成为话题延续性的焦点。李（2002：30—90）提出的找回零形回指先行语的三个原则中，新近原则是将零形回指语之前出现的最近的一个新实体选为零形回指的先行语。

在这一节，我们将首先对信息结构理论进行介绍，接着将对汉语中的信息显著因素展开讨论。

一　信息结构理论

现代语言学中的信息概念发源于布拉格学派（Prague School）。该学派的奠基人马泰休斯（Mathesius，1939）提出了句子的实际切分的思想，将句子的信息结构，或信息在句子中的分布作为其研究对象。马泰休斯把句子切分为主位（theme）和述位（rheme）两个部分，主位是话语的基础成分（basis of utterance），表达已知信息；述位是话语的核心（nucleus of utterance），表达新信息。布拉格学派的另一重要人物费尔巴斯（Firbas，1964）提出了交际动力（Communicative Dynamism）这一概念，认为话语是一个逐步展现意义的过程，它的各个不同组成部分所负载的信息量即交际价值是不同的，因而对交际发展所作的贡献也是不同的。载有已知信息的成分对交际发展的作用小，载有新的未知信息的成分对交际发展的作用大。

韩礼德继承和发展了布拉格学派的功能句子观思想，在《功能语法导论》（1994）一书中对自己的信息结构的思想作了详细的阐述，提出在严格的语言学意义上，信息是已知或可以预测的内容与新的或无法预测的内容之间的张力。因此，信息单位是一种结构，它由两种功能构成：新信息和已知信息。一个信息单位必须有一个表示新信息的成分，表示已知信息的成分可有可无。区分新信息和已知信息的标准是：看其是否能为听话人还原，能还原的是已知信息，不能还原的是新信息。

此外切夫（Chafe，1976：30）也对新信息和旧信息提出了自己的定义，认为已知信息或旧信息是说话人假定话语说出时在听话人意识中存在的知识，而所谓新信息则是指说话人假定通过其话语引入听话人意识中的东西。

在此基础上，费尔巴斯（1992）又提出了"句子功能前景"（Functional Sentence Perspective，FSP）理论，主张按照句子不同部分的交际动力（即各部分所传达的信息量）的大小将一个句子分为"主位—过渡—述位"三部分（theme-transition-rheme），主位和述位代表交际动力程度的低高两端，过渡部分居中，这样就形成了一个连续的交际动力程度的序列，即：

> 述位 > 过渡 > 主位

体现在语法角色上，交际动力大小的序列应为：宾语 > 主语。宾语既对主语作进一步的说明，又是激活后续语篇信息的参照点，承担了传递新信息的功能，因而在交际价值上高于主语。宾语相对于主语的这种交际动力优势，就是我们所说的"信息显著"。宾语的这种信息显著性是和人们认识世界的客观规律相符合的。人们认识世界是从已知信息开始，以已知信息为基础，再认识新的信息。因此，将已知信息安排在新信息的前面，主语作为已知信息，宾语作为未知信息，有利于听话人在心智上处理句子所传递的新信息。

信息结构理论对于实体的信息地位的界定主要是根据实体所对应的语法角色，认为宾语由于承担着传递新信息的功能，所以相对于主语具有更高的交际动力，也就是我们所说的信息显著度。然而，宾语相对于主语的信息显著并不代表所有宾语位置上的实体都可以在序列中凸显出来。处于宾语位置只是为实体具备信息显著度提供了一种潜在的可能，而该实体能否真正成为信息显著的实体，还要取决于其他的因素。接下来我们将对影响实体的信息显著度的名词语义因素和动词语义因素展开讨论。

二　无定名词与信息显著

（一）有定性对信息显著的影响

甘德尔等（1993）提出不同的指称表达式的信息地位可以用以下的"已知性序列"（Givenness Hierarchy）来进行排列：

焦点的（in focus）：人称代词和零代词
激活的（activated）：指示代词 this + 名词
熟悉的（familiar）：指示代词 that + 名词
可唯一识别的（uniquely identifiable）：定冠词 the + 名词
有指无定的（referential；indefinite）：指示代词 this + 名词的无定用法
类指/类别可识别的（type identifiable）：不定冠词 a/an + 名词

在已知性序列中，除了位于序列首端的"焦点的"层级之外，其他层级中的表达式都和名词的有定性有关。"激活的""熟悉的"和"可唯一识别的"都属于有定名词的范畴，而"有指无定的"和"类指/类别可识别的"都属于无定名词的范畴。因此，根据这个层级序列，有定名词的已知性高于无定名词。

除此之外，另一个对表达式信息地位进行排列的层级序列是普林斯（Prince，1981）根据"假设熟悉度"（assumed familiarity）提出的熟悉度量表（Familiarity Scale），将话语中实体的信息大致分为三种状态：：崭新信息、可推断信息以及唤起的信息，又可以细分为如下所示的层级：

唤起的（evoked）/情景唤起的（situationally evoked）＞未使用的（unused）＞无包含性的可推断的（non-containing inferrable）＞包含性可推断的（containing inferrable）＞依附的崭新的（anchored brand-new）＞无依附的崭新的（unanchored brand-new）

和已知性序列不同的是，熟悉度量表并不考虑话语中实体的语言表达式，而是重点考察实体与话语之间的关系。但是在这个量表中，不同的信息状态还是可以与不同的语言表达式建立起一个大致的对应关系。"崭新的"通常对应无定名词，"可推断的""未使用的"和"唤起的"则通常表现为有定名词的形式。其中普林斯（1981）还特别提出了"indefinite this + N"的用法，认为这一表达式也属于"崭新的"层级中，用于将新实体引入话语，后文往往会再有其他方式回指这一实体，换而言之，这一实体往往会成为之后的话语关心的对象。不同的是，当说话人使用这一形式时，在说话人脑中应该是有具体指向的实体的。这种"indefinite this + N"的表达式对应的就是甘德尔等（1993）的已知性序列中的"有指无定的"层级。

综上所述，无论是普林斯（1981）的熟悉度量表还是甘德尔等（1993）的已知性序列，都特别注意到了无定名词和有定名词在信息地位上的差异。无定名词和有定名词在信息地位上的这种差异也在第三章第四节介绍的 DRT 理论中得到了充分的反映。DRT 理论认为，有定名词通常表征的是语篇中已存在的个体，无定名词可以在篇章回指中起到引导新信息的语用功能。

甘德尔等（1993）认为，说话人在展开一个语篇时对于不同的实体在听话人头脑中的"认知地位"（cognitive status），听话人关于所指对象的知识储备和注意状态事先进行了假设，并将这些假设编码为不同的指称形式。指称表达式对应的已知性越高，意味着其所指称的实体在听话人头脑中的激活程度越高；指称表达式对应的已知性越低，意味着其指称的实体在听话人头脑中的激活程度越低。根据已知性序列，无定名词由于对应着最低的已知性，因而指称的实体的激活程度最低。在之后的研究中，已知性序列被众多的研究者们归为一种凸显性序列。无定名词因为处于已知性序列的最低层级中，因此被认为对应着最低的凸显性。

　　然而，在对英语、德语、罗马尼亚语等语言的研究中，一些研究者发现英语中类似表示无定意义的 this 这样的冠词引导的无定名词可以作为一种后指手段（cataphoric device），对一些可能在后续语篇中有重要作用的概念进行标记，使其在后续语篇中被再次提及，或成为下一语段中相关回指语的最为可及的先行语，并对此进行了一系列的认知实验研究［格恩斯巴彻和哈格里夫斯（1989）；奇瑞塞斯库和豪辛格（Chiriacescu & Heusinger, 2010）；德契塞尔和豪辛格（Deichsel &Heusinger, 2011）］。豪辛格（2000；2008）认为 a（n）这样的普通的无定冠词引导的无定名词在表示实指意义时也可以具有不同程度的凸显性，并将这种凸显性归结于无定名词所具有的一种"凸显改变潜能"（salience change potential），这种潜能使得无定名词可以把其所指称的实体从语篇的实体序列中挑选出来，使其成为后续语篇中最凸显的实体。

　　在汉语语篇回指的研究中，许余龙（2005；2007）发现：将一个新引入篇章的实体标示为潜在的篇章主题的最重要手段是存现结构和无定名词短语，两者常结合使用；除了主语/主题位置的名词短语，存现结构中的无定名词短语也可以作为下一小句的期待主题。在许余龙（2007）看来，"用作存现宾语的无定名词短语似乎是引入重要篇章话题的唯一形态句法手段"。

　　然而事实上，除了存现动词，一些作为其他类别的动词的宾语的无定名词短语也可以为篇章引入新信息，成为下一小句的期待主题。笔者选择了四个常见的高生命度的名词作为中心名词，在北京语言大学 BCC 语料库中的报刊子库（语料规模为 20 亿字）中检索并筛选出它们的无定名词（"一个+名词"）和有定名词（"这个/那个+名词"）形式作为小句宾语，并且后接一个具有述谓结构的完整小句的全部样本。其中对于无定名词短语还根据动词类型分为"存现无定"（存现结构中的无定名词）和"非存现无定"（非存现结构中的无定名词）两类。各中心名词的不同表达式类型的样本数量如表4-8所示：

表4-8　　　　　　　从 BCC 语料库中选取的相关样本数量

	女孩	男人	老人	朋友
存现无定	116	19	35	180
非存现无定	61	46	39	98
有定	58	25	24	43

各类型表达式所对应的样本例句如表4-9所示：

表4-9　　　　　　　各类型表达式所对应的样本例句

表达式类型	例　　句
存现无定	有一个老人，临终前把家里的土地和财产平均分给了两个儿子。
非存现无定	我认识一个女孩，住在雇主的家里。
有定	我连忙回头找那个朋友，他却逃跑了。

在获取的样本中统计这三类表达式分别作为下一个小句的主语或主题的样本数和比例以及在作为下一个小句的主语或主题时用零形回指形式进行指称的样本数和比例，统计结果如表4-10所示：

表4-10　　　不同类型的表达式在 BCC 语料库中的后指情况统计

表达式类型	总样本数	作为下一小句主语或主题		零形回指	
		样本数	比例	样本数	比例
存现无定	350	223	63.7%	179	80.3%
非存现无定	244	99	40.6%	59	59.6%
有定	150	33	22.0%	5	15.2%

根据这一统计结果，在作为下一小句的主语或主题以及在作为下一小句的主语或主题时用零形回指的形式进行指称的比例上，非存现结构中的无定名词虽然明显低于存现结构中的无定名词，但也明显高于有定名词。这一结果说明，除了存现结构中的无定名词外，非存现结构中的无定名词也比有定名词具有较高的作为下一小句的期待主题并用零形回指形式进行

指称的倾向性。也就是说，在作为小句宾语时，无定名词比有定名词在语篇中具有更高的认知凸显性。

宾语位置上的无定名词相对于有定名词的这种高凸显性可以用信息结构理论中的交际动力的概念进行解释。有定名词作为载有已知信息的成分对交际发展的作用小，因此交际动力较小；而无定名词作为载有新的未知信息的成分对交际发展的作用大，因此交际动力较大。在这种交际动力的推动下，无定名词具有更高的激活后续语篇信息的能力，因此，在语篇中具有更高的信息地位，也就是具有更高的信息显著性。

无定名词相对于有定名词的这种认知凸显性，看似和已知性中所对应的"凸显"概念相互对立。但实际上，这两种"凸显"反映的是两种不同的认知方向上的凸显性。已知性序列所反映的凸显指的是表达式在作为回指语时，其指称的实体成分在听话人头脑中已经存在激活状态。而我们所说的无定名词相对于有定名词的这种凸显指的是表达式在作为先行语时，说话人期待其对应的实体成分在听话人头脑中将要产生的激活状态。当一个新实体第一次出现在语篇中时，由于其相关信息在听话人头脑中尚未被激活，因此凸显性较低，通常被编码成无定名词。而用于指称该实体的无定名词在语篇中出现后，作为未知信息，具有较强的交际动力，需要在后续语篇中被详细阐述。因此，在凸显改变潜能的推动下又被解码成高凸显性的已知实体，在听话人头脑中被激活。在后续语篇中再次出现时，被编码成对应于较高已知性的回指语，按照倾向性顺序依次为：零形式＞代词＞有定名词。新实体在进入语篇后经历的一系列编码和解码过程可以用图4－8的形式进行阐释。

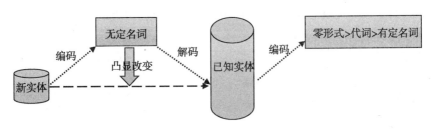

图4－8　新实体进入语篇后的编码和解码过程

（二）数量信息对无定名词信息显著的影响

在汉语中，虽然没有完全语法化的无定冠词，但是可以用数量词，特别是"一+量词"① 为语篇引入指称性的无定名词（李和汤普森，1981；陈平，2003）。很多汉语研究者指出，在汉语中，数量词可以用于对在语篇中具有凸显地位的实体进行标记［孙朝奋（Sun，1988）；古川裕，1997；李文丹，2000］。这种语用功能被李文丹（2000）称为数量词的前景化功能。在所有的数量词中，"一+量词"被看作最接近于无定冠词的表达式（陈平，2003）。在各种不同的语言中，无定冠词都主要派生自数词"一"［吉翁，1981；海涅（Heine，1997）］。海涅（1997）认为无定冠词语法化的第一个阶段都是作为数词"一"，第二个阶段则是"呈现（presentative）"用法，用于为语篇呈现一个将要在后续语篇中被提及的新的实体。刘安春（2003）认为在汉语中，"一+量词"具有和其他数量词不同的语篇功能，是一个凸现信息焦点的语言标记。李艳惠等（2002）认为在"数+量+名"形式的名词短语中，数量词中的数量越大，数量解读的倾向就越明显，解读为"存在 X 个个体，这些个体……"（也就对凸显进行标记）的倾向性就越低。

那么"一+量词"和其他的数量词对于无定名词的信息显著度有何不同影响呢？我们选择"朋友"这一常见的高生命度名词作为中心名词，在 BCC 现代汉语语料库中的报刊子库中检索并筛选出"一个朋友""X（≥2）个朋友"以及"很多朋友"分别作为小句宾语，并且后接一个具有述谓结构的完整小句的全部样本。在获取的样本中统计这三类表达式分别作为下一个小句的主语或主题的样本数和比例以及在作为下一个小句的主语或主题时用零形回指形式进行指称的样本数和比例，统计结果如表 4 – 11 所示：

表 4 – 11　不同数量信息的表达式在 BCC 语料库中的后指情况统计

表达式类型	总样本数	作为下一小句主语或主题		零形回指	
		样本数	比例	样本数	比例
一个朋友	473	220	46.5%	152	69.1%
X（≥2）个朋友	82	18	22.0%	4	22.2%
很多朋友	174	30	17.2%	8	26.7%

---

① 在很多时候，"一+量词"中的"一"也可以被省略。本书中所说的"一+量词"也包括"一"被省略的情况。

根据这一统计结果，在作为小句宾语时，"一个朋友"比"X（≥2）个朋友"以及"很多朋友"有明显更高的倾向成为下一小句的主语或主题，并且在作为下一小句的主语或主题时，用零形回指形式进行指称的倾向也更高。这种更高的倾向性可以被看作"一＋量词"所具有的和其他数量词不同的凸现信息焦点的语用功能的体现。

不同数量信息对于无定名词短语信息显著性的这种影响也可以从交际动力的角度获得解释。在"一＋量＋名"中，"一"的数量意义被虚化，听话人有很强的倾向性对其进行存在性解读，认为它不表示实际数量。因此"一＋量"本身的信息量很少，主要起到一个标记词的作用，需要在后续语篇中对名词短语进行详细的阐述才能使整个句子具有完整的意义，因此"一＋量＋名"形式的交际动力较大。而对于其他数量词，尤其是当其表示一个较大数目时，听话人有很强的倾向性对其进行数量解读，认为它表示的是实际的数量，因此即使没有在后续语篇中对名词短语进行详细阐述，整个句子也是具有较为完整的意义的，因此其交际动力较小。这种交际动力体现在语篇回指中，也就是我们所说的"信息显著"。

结合上一节中对于无定名词和有定名词的信息显著的讨论，名词的信息显著度序列，也就是在宾语位置上作为零形回指先行语的倾向性序列可以表述为：

a. 无定名词短语＞有定名词短语
b. "一＋量词"修饰的无定名词短语＞其他数量词修饰的无定名词短语

在第六章第五节和第六节中，我们将通过认知实验的方法对无定名词和有定名词在信息显著度上的差异以及数量信息对于宾语位置的无定名词的信息显著度的影响进行考察。

三　动词语义与信息显著

在上一节中，我们提到有定性是影响实体的信息显著度的一个重要因素。然而我们发现在宾语位置上，并非只有无定名词才具有这样的信息显著性，有定名词有时候也可以凸显成为下一小句零形回指的先行语，如以下例句所示：

（50）我那时最爱看的是《花镜》，（Ø =《花镜》）上面有许多图。①

（51）单四嫂子留心看他神情，（Ø = 他神情）似乎仿佛平稳了不少。②

以上例子说明名词的有定性并非是决定实体信息显著度的唯一因素。我们接下来将对影响汉语中实体的信息显著度的另一个重要因素——动词语义因素展开探讨。在本章第二节"三"中我们提到，有些动词，如关联动词、心理动词、结果动词的施事性较弱，其主语相对宾语来说不具备明显的语义显著度。但是这并不能解释为什么这些动词的宾语常常可以在实体序列中凸显出来，成为零形回指的先行语。事实上，这些动词除了具有较低的施事性外，本身的语义还同时决定了它们具有新信息激活性，使得它们的宾语往往具有较高的信息显著度。以下我们将对关联动词、心理动词、结果动词激活新信息的语义特点进行分析。

（一）关联动词

汉语中的关联动词可以分为以下两大类：

1. 关系动词，又称联系动词，表示事物间的同一关系或类属关系，如：是、像、属于、姓等；

2. 存现动词，表示事物的存在、出现或消失，如：在、有、出现、躺（着）、写（着）、飞（过）、浮现等。

具有激活新信息的语义特点的动词主要是第二类：存现动词。陈平（1987）、许余龙（2004）、屈承熹（2006）、曾立英（2008）在对汉语零形回指现象的研究中都特别提到了存现动词的宾语作为零形回指先行语的高倾向性。

根据兰盖克的处所原则（Locational Principle）（1999：375），出于对认识世界的需要，人们倾向于将注意力先聚焦于处所或背景，然后再认识处所上所存在或隐现的实体。也就是说，人们认识世界都是以已知信息为基础，再认识新的信息。因此，存现句遵循的是已知先于新知的认知原则。在存现句中，存现动词前面的处所词所表示的信息一般是已知的或部

---

① 摘自鲁迅《朝花夕拾》。

② 摘自鲁迅《明天》。

分已知的，已经出现在前面的语篇中或听、说双方共知的语境中，而动词后面的名词所表示的信息一般是未知的。

古川裕（2001）用图4-9来表示存现句的认知基础：

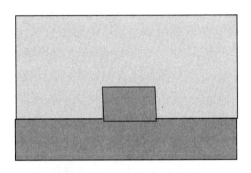

图4-9　存现句的认知图式

图中的底线代表主语位置的背景处所，凸出来的部分代宾语位置的存在物，存在物在认知图示中从背景中的凸出使得它具有认知上的凸显性。

布伦南（Bresnan，1994）、潘哈鲁伊克（Penhallurick，1984）等指出存现句是一种陈述焦点（presentational focus）句，其语篇功能是向当前语篇中引入新的指称对象，将动词后面的名词所指向的实体引入动词前面的处所词所建构的语篇或场景中。因此存现动词的宾语也就是存现主体常常由无定名词承担，作为新信息在语篇中起着引导新话题、激发认知参照点的功能，常常可以作为后续语篇中零形回指的先行语，如以下例句所示：

（52）德里西南方有座极其漂亮的古城，Ø 叫赭堡，全城都刷成粉红色，因而别名玫瑰城。①

（53）湖边住着位张老大爷，Ø 七十多岁了，Ø 每天早晨到湖边上蹓躂。②

（54）车里多了个人，Ø 是当地的向导，Ø 叫皮雅达萨。③

在例52—54中，"极其漂亮的古城""张老大爷"和"人"，都是说

---

① 摘自杨朔《印度情思》。

② 摘自杨朔《京城漫步》。

③ 摘自杨朔《野茫茫》。

话人想要介绍给听话人的事物，对于听话人来说都是未知的新信息，因此具有信息显著性，在实体序列中凸显出来，成为零形回指的先行语。

许余龙（2007）通过语料研究发现汉语中"唯一能出现在存现结构中的名词短语是无定名词短语"，并得出这样的结论："在汉语篇章中，用作存现宾语的无定名词短语似乎是引入重要篇章话题的唯一形态句法手段"。也就是说，许余龙认为无定名词是存现句宾语信息显著的必要条件。而事实上，当有定名词短语所表征的实体含有某种值得听话人关注的价值时，同样可以作为新信息出现在存现动词的宾语的位置上，并成为后续语篇中零形回指的先行语，如以下例子所示：

（55）那岛上住着塞壬女仙，（Ø = 塞壬女仙）专以曼歌妙颜劫持过往海船，使水手白骨布满沙滩。

（56）在体育馆中央摆放着金善日的大幅遗像，（Ø = 遗像）周围环绕着鲜花。①

在这类句子中，虽然作为存现宾语的有定名词短语表征的是听话人和说话人双方都能与之建立心智联系，或双方都能辨认出的唯一实体，但是从语篇信息的角度看，由于该实体对于说话人和听话人来说，熟悉程度是不同的，说话人希望告诉听话人更多关于有定实体的信息。因此即使是该实体在前面语篇已经出现，若再次出现，也常常携带新的含义，是动词前面的处所成分所激活的目标。如在例（55）中，"塞壬女仙"虽然是一个专有名词，属于有定名词的范畴，但是对于听话人来说仍然属于比较陌生的信息，因此说话人在用存现结构引出这个实体后，接下来将要对这个实体的信息进行介绍。在例（56）中，虽然可能"金善日的大幅遗像"对于听话人和说话人来说都是熟悉的已知信息，但是听话人认为有必要对这个已知信息进行补充说明，提供更多听话人所不知道的新信息。"塞壬女仙"和"金善日的大幅遗像"这种在语篇上下文中引人关注的信息价值就是我们所指的信息显著。也就是说，存现宾语的信息显著性并不完全由无定名词促成，存现动词本身即携带着促成信息显著的语义因素。因此当有定名词作为存现动词的宾语时，也可以作为零形回指的先行语。

---

① 例（55）和例（56）来自北京大学 CCL 语料库。

典型的存现句以"表示处所的短语 + 动词 + 表示存现主体的短语"为一般构式，如以下例子所示：

（57）屋里有很多朋友。

当存现句的句首成分由处所成分变为非处所成分时，存现句就变成通常所说的领属句，如以下例子所示：

（58）他有很多朋友。

从认知的角度看，例（57）所表征的物理上的附着关系和例（58）所表征的心理上的领属关系都可以纳入"容器—内容物"这一认知框架。"屋里"和"他"是容器，而"很多朋友"是内容物。郭继懋（1990）指出，领属句和存现句的主语都不是述语动词的施事，且都能带施事宾语，有时无论主语指物还是指处所，句意大致相同。任鹰（2009）也指出，"领属"与"存现"是有着明显的相似性并且可纳入同一认知框架的语义范畴，并认为汉语中的"有"字句既能被看作原型存在句，同时也能被看作原型领属句。因此在本文中，我们把表示领属关系的"有"字句也当作存现句的一种。在第六章第四节的动词语义实验中，将主要选择这类"有"字句作为存现句的代表。

（二）心理动词

除了存现动词以外，心理动词也同样具备引导新信息作为零形回指先行语的功能，但是在以往汉语零形回指的研究中，对心理动词的讨论却相对较少。由于人类认识世界的感知和思维活动的普遍规律是从已知到未知，心理动词和存现动词一样在语篇中经常承担引入新信息的功能，区别在于心理动词的主语不像存现动词一样必须是处所词，而经常是人，因此被一些研究者［如张瑞朋（2007）］称为准存现动词。

吕叔湘（1982）把动词分为四类：活动动词、心理活动动词、不很活动的动词和算不上活动的动词。范晓等（1987）认为，表示情感、意向、认知、感受等方面的心理活动或心理状态的动词都是心理动词。李英哲等（1990）划定的心理动词更为广泛，包括述说动词（如"说"）、认知动词（如"知道"）、想象动词（如"认为"）、赞成动词（如"同意"）、思考类动词（如

"想")、询问动词（如"追问""猜"）和感谢类动词（如"感谢"）等七类。胡裕树等（1995）给心理动词下了一个相对明确的定义：表示情感、意向认识、感觉、思维等方面的心理活动或心理状态的动词都是心理动词。韩礼德（1994）在系统功能语法中论及表示心理过程概念功能的动词时，对心理过程作了具体分类，包括感知（seeing, hearing, feeling）、认知（thinking, knowing, believing, guessing）、渴求（wanting, wishing, planning）、情感（liking, loving, disliking, hating, fearing）四大类。

在本书中，我们将心理动词分为三大类，分别为：

1. 感觉动词：表示和感觉器官有关的动作的词，比如：看见、听见；

2. 认知动词：表示认知能力方面的动词，比如：记得、联想、认为、知道、觉得；

3. 情意动词：表示情绪意志的动词，比如：爱、恨、同情、信任、打算、决定。

所有心理活动的产生，都是首先要有作用于感觉器官而产生的客观事物的刺激模式，其次是由刺激引起的在神经系统和脑内的神经生理活动，即信息认知和加工活动，最后在大脑中枢产生情绪体验和意志判断。感觉是人脑对直接作用于感觉器官的客观事物的个别属性的反映。人类的认知活动都是从感觉开始的，所以说感觉是人们获取信息、处理信息的初级阶段。人们通过思维活动，对问题或事物进行分析、思考、联想、猜测，从而发现事物的特点或规律，了解事物的面貌，使问题得以解决，这种通过思维形成新信息并自动获取这些信息进行处理的过程，就是大脑的认知活动。情意的产生，是心理活动的主体对某种事物或动作行为、性状、事件的情绪体验和意志判断，因而是获取和处理信息的最后阶段。综上所述，这三类行为作为心理过程的三个阶段，都与人们认识世界的感知和思维活动相关，都涵盖了获取信息、处理信息的语义内容。因此这三类动词的宾语，作为被获取和处理的信息，是说话人和听话人所共同关注的对象，具有较高的信息显著性。

即使心理活动的对象在前面语篇已经出现，若再次出现，也常常携带新的含义。如说话人可能希望告诉听话人更多关于该对象的信息。所以，有定名词短语同样能出现在该动词的宾语位置上，如以下例句所示：

（59）看见斑马了，好几十匹，（Ø＝斑马）浑身是黑白相间的条纹，（Ø＝斑马）肥墩墩的，俊得很，也机灵得很，用怀疑的眼光望了我们一会儿，转眼都藏进树林里去。①

（60）我认识卢学尧，（Ø＝卢学尧）长得又高又瘦，（Ø＝卢学尧）成天眯着个脸。②

（61）他十分信服老队长，（Ø＝老队长）吩咐他做什么，总是（Ø＝老队长）话才出口，（Ø＝他）抬腿就走。③

在例（59）中，感官动词"看见"的宾语"斑马"是一个光杆名词，按照无定名词和有定名词的分类属于有定名词，是大家都知道的事物，在百科知识中属于已知信息。在当前语境中作为信息显著的成分被引入，是为了提供作者所眼见的斑马的景象，因此是语篇中的新信息。在例（60）中，认知动词"认识"的宾语"卢学尧"是一个专有名词，属于有定名词，可能在前面语篇已经出现过，但没有提供关于他相貌的信息。在当前语境中作为信息显著的成分被引入，是为了提供关于他相貌的描述，是语篇中的新信息。在例（61）中，情意动词"信服"的宾语"老队长"是一个光杆名词，属于有定名词，可能在前面的语篇中已经出现。在当前语境中作为信息显著的成分被引入，是为了提供更多之前没有提及的关于"老队长"的话题信息。因此在这三个例句中，心理动词的宾语作为信息显著的实体在语篇中凸显出来，成为后一分句中零形回指的先行语。

（三）结果动词

关于结果动词，虽然在汉语学界早有相关的研究，然而到目前为止，还未见到有研究者对结果动词在零形回指中的语用功能展开探讨。

如果一个句子中宾语名词表达的是在动词所表示的动作行为作用下致使产生的新事物，就叫作结果宾语句，其中的动词就叫作结果动词，如以下三个句子所示：

（62）1890年，霍勒力斯依据巴贝奇的设计制造了一台机器，（Ø＝机器）在美国人口普查工作中大放光彩。

---

① 摘自杨朔《生命泉》。

② 转引自史（Shi），1989。

③ 转引自吕叔湘，1986。

（63）印尼全国选举委员会在全国32个省的5000个地区开设了50多万个投票站，（∅＝投票站）供1.53亿选民使用。

（64）潘玉良以我为模特画了一个她心目中的东方女子，（∅＝女子）很安静，很秀气，还有点神秘。①

在语义上，"致使存在"这一特征是界定结果宾语句的标准，它具有两方面的含义：①宾语所表示的事物经历从"不存在"到"存在"的产生过程；②宾语所表示的事物是在动词所表示的动作作用下产生的，动作是新事物产生的原因或方式。如在例（62）中的"一台机器"，例（63）中的"50多万个投票站"，例（64）中的"一个她心目中的东方女子"都是结果动词的宾语。"一台机器"是设计者从无到有创造出来的新事物，"50多万个投票站"是印尼全国选举委员会采取行动后才出现的新事物，"一个她心目中的东方女子"是由于"画"这一创造性劳动产生的新事物。因而这些句子中结果动词的宾语都具有信息显著性，成为后一小句中零形回指的先行语。

古川裕（2001）认为结果宾语是动作完成之后在某个空间里"出现"的产物，在认知结构上可以解释为"从无到有"从认知背景中凸出的个体事物。"产生"可以被看作"出现"的一个周缘现象，而结果宾语也可以被视为隐现句宾语的一个变体。

结果宾语结构的语义框架可以表述为：动作＋使形成/使达成＋某种新事物/新现象，其中的新事物/新现象主要包括两种情况：多数是动作行为之前本来不存在的动作行为完成后新产生的或新出现的事物，如例（65）所示，而另一些是动作行为以后甲事物变成了乙事物，从而成为新的事物，如例（66）所示：

（65）某出版社出版了一套鲁迅全集。

（66）他已经转变成一名称职的父亲。

李勉东（1991）根据动词的意义类别和对结果的选择情况，把结果动词分为四类：①生产制作活动动词；②从事某种事业的动词；③创作、

---

① 例（62）、例（63）、例（64）均来自北京大学CCL语料库。

言语活动动词；④使受伤、留下痕迹的动词。不同类别结果动词的例子如以下动宾结构中的画线动词所示：

1. 生产制作活动动词：打沙发 造大桥 酿造白酒
2. 从事事业动词：办学校 创立福利院 开设新课
3. 创作、言语活动动词：写文章 画漫画 编写讲义
4. 受伤痕迹动词：扎个眼儿 磨出血泡 碰了个大包

孟艳华（2009）根据动词所激活的不同事件场景以及结果事物的类别把结果动词分为四类：①染色动词；②图形创造动词；③物品加工制造动词；④抽象/智力成果创造动词。不同类别结果动词的例子如以下动宾结构中的画线动词所示：

1. 染色动词：刷白 染黑 涂彩
2. 图形创造动词：打勾 画线 绣图
3. 物品加工制造动词：编草帽 砌墙 冲咖啡
4. 抽象/智力成果创造动词：营造气氛 想办法 演奏曲子

这两种对结果宾语的分类方法各自涉及了一些另一方所没有涉及的动词类别，但是都包括了"制作/制造"类动词和"创作/创造"类动词这两大类动词。可见这两类动词是结果动词中的核心类别，因此我们在第六章第四节中将主要选取这两类动词作为结果动词的代表来进行动词语义实验。

第四节　本章小结

本章中，我们对影响零形回指认知的先行语凸显因素从语法显著、语义显著和信息显著三个层面展开了讨论，既从认知心理学的角度对这些显著因素进行了解释，又对这些显著因素用层级序列的方式进行了形式化表述。

语法显著度主要取决于论元在句子中的语法角色。语法显著度主要取决于实体在句子中的语法角色。主语显著是主动句和被动句的一个共性。一些汉语的研究者为这一序列添加了"主题"的概念，认为"主题"的语法显著度高于"主语"，而我们则认为"主题"本身并不是一个独立的语法成分，本质上来说，可以被还原为主语的领属定语和前置宾语等语法角色。因此，我们将主语的领属定语归为主语的一部分，而前置宾语则属

于宾语的一部分，将语法显著度层级序列表述为："｛主语，主语领属语｝＞前置宾语＞宾语＞旁语"。这样可以避免"主题"概念带来的模糊性和不确定性，有利于我们研究的统一性和精确性。

语义显著度取决于名词的生命度和动词的施事性两方面。名词生命度的基本层级序列为："人＞动物＞无生命物"。动词施事性的层级序列为："行为动词＞｛心理动词，结果动词｝＞关联动词"。动词的施事性越强，动词对应的主语的语义显著度就越高，宾语的语义显著度就越低（主动句中）。而名词的生命度和动词语义两方面的因素还共同决定了构式对论元成分的语义显著度的影响，典型的例子是处置式"把"字句、致使式"把"字句和受事式"把"字句这三种不同的构式中语义显著成分的不同。

信息显著度指的是某些载有新的未知信息的实体，作为激活后续语篇信息的参照点，相对于其他的实体具有的更高的信息地位。这样的实体通常处于句子的宾语位置，但并非所有宾语位置的成分都具有信息显著度。我们对于实体信息显著度层级序列的设定是："a. 无定名词短语＞有定名词短语；b. '一＋量词'修饰的无定名词短语＞其他数量词修饰的无定名词短语"。

一些动词本身也可以具有传递新信息的语义功能，其后的实体通常具有高信息显著性，如关联动词、心理过程动词、结果动词。在语法显著、语义显著和信息显著的共同作用下，某些实体从语篇中凸显出来，成为零形回指的先行语。

在第六章中，我们将通过认知实验的方式对影响先行语凸显度的语法显著因素、语义显著因素和信息显著因素分别进行考察。

语法显著、语义显著、信息显著作为实体凸显的三个层面，对零形回指的先行语选择都有着不同形式的影响，同时也相互关联相互作用。如语法显著和语义显著虽然是两个不同层面的概念，但是它们对应的实体却具有很高的重合性。大部分句子的主语都是既具有高语法显著也具有高语义显著度的实体。只有在一些特殊的句子结构中，才会出现高语法显著度的主语在语义上却不显著的现象，如被动句、存现句、致使式"把"字句和受事式"把"字句等。而句子中语义显著和信息显著的实体通常是不重合的，因为一个主要处于主语位置上，另一个处于宾语位置上。但是也有一些特例，如第四章第二节"二"中的例（33）－a所示的被动结构中：

（33）a. 我被一辆车撞倒了。

在这个句子中，一辆车既是撞倒这个行为的施事者，具有一定的语义显著性，也是句子中的新信息，具有信息显著性。

虽然一个句子中高语义显著度和高信息显著度的实体通常是不重合的，但是两种因素之间也存在着一定的关联性。这主要体现在语义显著和信息显著在动词类型方面的对应性。同类别的动词的施事性强弱从高到低依次为："行为动词 > ｛心理动词，结果动词｝ > 关联动词"。而关联动词、心理动词、结果动词这三类施事性较弱的动词也正是能够引发宾语位置的信息显著的动词。动词的施事性越强（主动句中），主语相对于宾语的语义显著越明显，对应的宾语位置信息显著的可能也越低。而动词的施事性越弱，主语相对于宾语的语义显著度越不明显，对应宾语位置信息显著的可能就越高。也就是说，虽然语义显著和信息显著是两个不同层面的概念，且在同一个句子中经常是处在分离的语法位置上，但是对于位于宾语位置上的实体来说，其信息显著度和语义显著度还是存在一定的正比关系的。因此在第六章第四节中，我们在通过认知实验的方式对动词语义对语义显著度的影响进行验证的同时也考察了动词语义对信息显著度的影响。

第五章

汉语零形回指认知的结构因素

在第四章中，我们对汉语零形回指认知的先行语凸显因素从语法显著、语义显著、信息显著三个层面展开了讨论。这三种因素位于三个不同的层面上却又相互关联相互影响。在同一个句子中，可能有多个实体具备不同的显著因素，而零形回指的先行语却通常只有一个。这说明零形回指的先行语不仅仅只由实体的凸显度决定，而是还要受到其他认知因素的影响。

语言学与计算语言学领域的研究者早就意识到自然语篇不是小句或句子的简单组合，语篇内含有复杂的结构关系。在可及性理论提出的决定可及性的四个因素中，"竞争性"和"凸显性"和我们在前一章中讨论的先行语凸显因素相关，而"距离"和"一致性"原则和语篇内的结构关系相关。在向心理论中，相邻话语间的三种过渡关系：连续、保持、转移反映的是不同的篇章结构下回指语对先行语的不同选择。而在认知参照点理论中，两个名词性成分之间的概念关联性不仅和这两个成分的内在属性有关，还和两者之间的篇章结构关系有关。在本章中，我们将对影响零形回指先行语认知的篇章结构因素展开讨论，包括距离和复句语义关系这两个方面。

第一节　汉语零形回指认知的距离因素

在第二章第二节"二"中，我们通过对前人所作的汉语零形回指的语料库统计结果的数据汇总发现，零形回指的使用数量随着线性距离的增加明显减少，大多数的零形回指语和先行语都出现在同一个完整句子中是汉语的一个普遍的规律。这说明距离是影响汉语零形回指认知的因素之一。关于汉语零形回指认知的距离因素，以往的研究的对象主要都是线性距离，而对非线性距离极少涉及。在这一章中，我们将以工作记忆与认知负荷理论为基础，以阿里尔（1990）的可及性理论中提出的距离因素为出发点，对汉语零形回指认知的线性距离因素和非线性距离因素展开讨论。

一 工作记忆与认知负荷理论

在人的认知加工过程中，随着新信息的不断出现，旧的信息会不断被遗忘，越是先加工的信息，越容易被压到记忆的底层，遗忘的概率也就越大。在回指加工过程中，当先行语被激活之后，其激活状态所持续的时间是有限制的。随着距离的增加，先行语的认知激活程度逐渐减弱直至退出激活状态。这一现象可以用工作记忆和认知负荷理论进行解释。

工作记忆（Working Memory）这一概念是巴德利和希契（Baddeley & Hitch，1974）在短时记忆研究的基础上提出的。它被用来衡量在信息加工受到阻碍时，个体对信息暂时储存的能力。人类认知结构由工作记忆系统与长时记忆系统构成。人类长时记忆系统是对工作记忆系统加工过的信息赋予意义和贮存的心理结构。绝大多数认知心理学家认为长时记忆系统具有无限的贮存容量，而且能够永久地保持来自工作记忆系统加工过的信息。相比长时记忆系统，工作记忆系统的重要特点是同时加工新信息的容量非常有限，而且保持信息的时间短暂。

在对工作记忆的研究的基础上，斯威勒（Sweller，1988）提出了认知负荷理论（Cognitive Load Theory，简称CLT），把认知负荷定义为处理信息所需要的"心智能量"的水平。库柏（Cooper，1990）则把认知负荷和工作记忆直接联系起来，将认知负荷定义为同时被要求施加在工作记忆上的心智活动的全部数量。总的来说，认知负荷是与完成某项特定任务相联系的，该任务在工作记忆中操作，且该操作要顺利进行，必须有相应心智能量的支持。工作记忆在加工认知任务所包含的信息时，一般需要对所有元素以及元素间的交互作用同时加工，才能整体理解认知任务，若有元素或其交互性不能同时被加工，则会对认知任务产生片面理解。认知任务所包含的信息元素越多，则认知任务越复杂，加工认知任务的负荷就会越大。当负荷总量超出了人的工作记忆容量时，就会导致工作记忆很难启动认知加工。体现在回指的认知上，先行语和回指语的距离越远，则认知任务中包含的信息元素越多，认知的内在负荷就越大，能够实现回指加工的可能性就越低。对于认知负荷对回指认知的影响，阿尔莫（Almor，1999）还提出了一个信息负荷假设（Information Load Hypothesis）。该假设将回指的解析过程理解为一个语篇功能和加工成本之间的平衡过程。当回指解析所需要的加工成本超出了语篇功能的需要时，就会给认知过程带来额外的负荷。

二　线性距离与认知距离

在阿里尔（1990）的可及性理论中，影响可及性的距离因素主要是指某概念实体被重复提及的时间间隔（the recency of mention）。在以线性方式展开的语篇中，这种由时间间隔造成的距离主要体现为词与词之间的空间前后距离，也就是线性距离。线性距离对先行语可及性的影响同人的工作记忆容量相关。从心理学的角度来说，可及性指的是在大脑记忆系统中提取一个语言或记忆单位的便捷程度。根据工作记忆和认知负荷理论，认知主体需要付出的努力越多，认知负荷越大，加工认知任务的难度就越大，从而使某些句子在实际使用中不被接受。先行语与回指语的线性距离越远，给零形回指造成的认知负荷越大，则先行语的可及性越低。反之，先行语与回指语的线性距离越近，给零形回指造成的认知负荷越小，则先行语的可及性越高。

许多学者通过语料统计证明先行语和回指语之间线性距离对先行语可及性的影响（吉翁，1983；陈平，1986；阿里尔，1990；许余龙，2004）。他们设置的线性距离参数的数目不一，分别有小句、句子、段落、跨段等四种。在汉语的零形回指方面，根据胡钦谙（2008）、蒋平（2004a）等人对零形回指在汉语语篇中的分布的统计（见第二章第二节"二"），零形回指的先行语通常都出现在零形回指语的近距离范围内，零形回指的回指语和先行语都出现在同一个完整句子中的情况占了90%左右，这证明了线性距离确实影响着先行语的可及性。而胡钦谙以间隔名词短语数量为参数统计的先行语和零形回指语的距离数据则显示，随着间隔短语数量的增多，零形回指的分布频率逐渐降低，但是线性距离为3以上的情况还是有将近20%。这说明，名词短语间隔距离虽然确实也同样影响着先行语的可及性，但是对先行语的可及性的影响力不如句子间隔距离对先行语可及性的影响大，在同一个完整句子中，线性距离对先行语可及性的影响不是决定性的。由于绝大多数的零形回指都发生在同一个完整句子的范围内，所以对于零形回指的消解来说，以线性距离作为对回指语消解的指标其作用有限。屈承熹（2006）综合李樱（Li, Y., 1985）、陈平

（1987）和许余龙（1995）的研究后指出，这三位研究者都认识到以线性距离和线性隔断作为解决回指标准的用处有限。

对于线性距离在反映先行语可及性上的局限性，我们可以从语言本身的结构特点和人的认知思维模式的对比来进行解释。语言的形式是具体的、可感知的，并且按照线性的顺序展开的。也就是说，无论多么复杂的思想或概念，当用文字表达出来的时候，都只能沿着一条线性轨迹发展。而语言所反映的思维模式承载着社会心理和社会文化等多方面的因素，因此可以以多种概念推理的呈现形式展开，如直线式、螺旋式、屈折式等（许余龙，2001：232—233）。卡罗尔（Carroll，2000：52）、程琪龙（1999：72—73）认为人脑对信息的处理方式不是传统上认为的采用的是串行处理（serial processing）模式，而是并行处理（parallel processing）模式。高卫东（2008：64—65）认为一个完整的句子中的实体往往处在同一个概念网络中，在这个概念网络中，概念间的距离不仅仅和线性的时间距离有关，还和概念之间的相互激活性有关，并将后者称为非线性距离。在他看来，由非线性距离因素导致的实体的激活程度的差异会在很大程度上覆盖线性距离所造成的活跃度的差异。在本书中，我们使用认知距离这一概念来表征这种非线性距离。在下一节中，我们将用认知参照点理论来对回指语和先行语之间的线性距离和认知距离分别进行考察。

三　距离因素与零形回指照应模式

（一）汉语中的包含内嵌小句结构

在第四章第一节"一"中我们提到，无论是基于角色的语法显著度排序方法还是基于层级的语法显著度排序方法，都对包含内嵌小句的汉语结构中先行语的凸显度排序缺乏足够的解释力。基于角色的方法回避了内嵌小句结构的复杂性，只考虑先行语的语法角色，而不考虑它们所处的句法层次。而基于层级的方法在对先行语的排序上过于绝对化，完全根据句法层次进行排序，认为内嵌层级较深的论元排序一定低于内嵌层级较浅的论元。而一些研究者则提出了和基于层级的语法显著度序列相反的观点。如黄衍（1994：149—150）在新格莱斯会话含义理论的框架下提出"local subject > local object > matrix subject > others"（内嵌小句主语 > 内嵌小句宾语 > 主句主语 > 其他）的零形回指先行语序列。翁依琴（2006）通过语料库实验证明了这一层级序列在汉语中的有效性。然而黄衍的这一零形回指先行语序列在汉语中的有效性也受到了一些质疑，如陈静等（Chen, J. et al., 2009）认为汉语中零形回指的先行语序列应为"topic > matrix subject > local subject > local object"。我们认为，这些研究者之所以对于包含内嵌小句结构中零形回指先行语的可及性序列无法形成统一的看法，是因为他们都是从先行语凸显的角度进行的研究，而对于零形回指认知中的结构因素考察不足。对于包含内嵌小句的汉语结构来说，零形回指先行语的可及性不仅取决于它们本身的凸显度，还取决于先行语和回指语之间的距离。在本书中，我们尝试用认知参照点模式对包含内嵌小句的汉语结构中的零形回指照应模式进行研究，以考察距离因素对零形回指认知的影响，同时对黄衍提出的这一包含内嵌小句的结构中的零形回指先行语序列在汉语中的有效性进行考察。

汉语中包含内嵌小句的结构主要有两类：兼语句和从句宾语句。这两种结构都可以用 NP1 + VP1 + NP2 + VP2（+ NP3）的基本形式来表达，是由动宾短语 VP1 + NP2 套接主谓短语 NP2 + VP2 或主谓宾短语 NP2 + VP2 + NP3 构成的。所谓兼语句，是指句中某些成分同时兼有两种不同的语法角色。在兼语句中，NP2 兼做动宾短语的宾语和主谓短语的主语。兼语句中的 VP1 通常由以下几类动词充当：①使令动词，如"使、让、叫、派、命令、吩咐、禁止、请求、选举、教、劝、号召"等；②表示赞许或责怪的及物动词，如"爱、笑、恨、嫌、气、骂、喜欢、感谢、埋怨、称赞、表扬、担心"等；③"有"等表示领有或存在的动词，如"我有个同学爱游泳"。从句宾语句指的是主句的宾语由另一个主谓（宾）结构构成的从句充当，从句和主语一起构成从句宾语句。从句宾语句中可以带宾语从句的 VP1 通常由以下几类动词充当：①表示心理活动的动词，如"恨、喜欢、爱"；②表示言语行为的动词，如"说、讲、谈"；③表示思维活动的动词，如"推测、估计、思考"；④表示意愿类的动词，如"希望、期待、指望"；⑤表示态度类的动词，如"赞同、反对、同意"。

在这两类结构中，NP1 和 NP2 都是某个语法结构中的主语，都具有语法显著性，同时由于典型的主语是具有高生命度的施事者，NP1 和 NP2 在大多数情况下也同时为语义显著的实体。因此 NP1 和 NP2 通常都可以作为后续成分中零形回指的先行语。而当 NP3 具有信息显著度时，也可以作为后续成分中零形回指的先行语。然而 NP1、NP2 和 NP3 之间是否存在可及性程度上的差别？黄衍提出的"内嵌小句主语 > 内嵌小句宾语 > 主句

主语 > 其他"的零形回指先行语层级序列能否得到认知参照点理论的支持？以下我们将通过把包含内嵌小句的汉语结构图式化为多层参照点/领地格局结构来对这些问题进行研究。

（二）包含内嵌小句结构中的零形回指照应模式

利用回指来对语篇下文进行衔接和照应可以以两种基本模式进行：①基本模式 1（如图 5 - 1 所示）：主体 C 返回原来的参照点 R 继续沿着下一条认知路径接触和识别下一个目标 T2，作为唯一参照点的 R 是认知过程中最凸显的实体，因而可以作为回指先行语出现在下一条认知路径中；② 基本模式 2（如图 5 - 2 所示）：原来的参照点 R1 后退为背景，目标 T1 成为新的凸显体，进而成为新的目标 T2 的参照点 R2，作为回指先行语出现在下一条认知路径中。英语等非空主语语言中的零形回指主要以基本模式 1 的方式进行，而汉语等空主语/代词脱落语言中的零形回指可以以基本模式 1 的方式存在，也可以以基本模式 2 的方式同时存在。

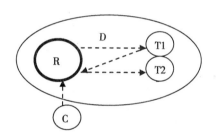

图 5 - 1　基本模式 1 下的回指照应图式

例（67）是一个符合该基本模式 1 的利用零形回指进行上下文衔接照应的句子。在这个句子中 R = "我"，T1 = "小偷"，T2 = "警察"。

（67）我看到一个小偷，（Ø = 我）报告了警察。

例（68）是一个符合该基本模式 2 的利用零形回指进行上下文衔接照应的句子。在这个句子中 R = "我"，T1 = R2 = "小偷"，T2 = "钱包"。

（68）我看到一个小偷，（Ø = 小偷）正在偷钱包。

在涉及多层参照点/领地格局的小句概念结构 R0R1T1 中（如图 5 - 3 所示），小句的主语 R0 是主要参照点，小句内的其他名词性成分在其领

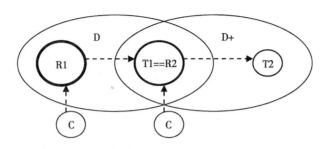

图 5 - 2   基本模式 2 下的回指照应图式

地内。直接宾语 R1 是次要的小句图形，即次要参照点，它在主语的领地 D0 内被识解，除主语外的其他名词性成分在次要参照点领地 D1 内被识解，依此类推，环环相扣。不同层次的参照点/领地布局构成一条概念路径，依次贯穿于小句内的各名词性成分以及高层次小句和内嵌小句。

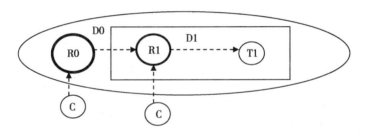

图 5 - 3   多层参照点/领地格局 R0R1T1 的小句概念结构图式

将以上两种回指照应的基本模式应用在多层参照点/领地格局的小句概念结构中，可以得到五种扩展模式，用 EM（Extended Model）来表示（见图 5 - 4—图 5 - 8）。我们用零形回指语所在的小句的认知途径的线性排序来作为这五种 EM 的简写，并用图式的方式来描绘这些模式下的回指照应方式。

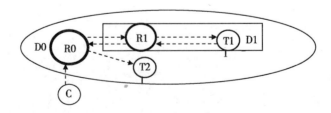

图 5 - 4   EM1 =（R0）T2 模式下的回指照应图式

例（69）是一个 EM1 模式下的利用零形回指进行上下文照应的句子。在这个句子中，R0 = "我"，R1 = "朋友们"，T1 = "家里"，T2 = "好吃的"。

（69）我邀请朋友们到家里来玩，（Ø = 我）买了很多好吃的。

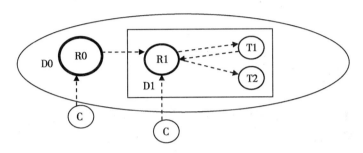

图 5 – 5　EM2 = （R0）（R1）T2 模式下的回指照应图式

例（70）– a 是一个 EM2 模式下的利用零形回指进行上下文照应的句子。在这个句子中，R0 = "我"，R1 = "朋友们"，T1 = "家里"，T2 = "我的生日"。

（70）a. 我邀请朋友们到家里来玩，（Ø = 我邀请朋友们）庆祝我的生日。

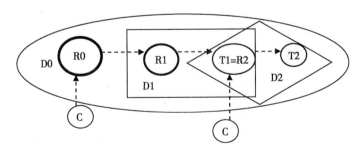

图 5 – 6　EM3 = （R0）（T1 = R2）T2 模式下的回指照应图式

例（71）– a 是一个 EM3 模式下的利用零形回指进行上下文照应的句子。在这个句子中，R0 = "我"，R1 = "他"，T1 = "妹妹"，T2 = "小学"。

（71）a. 我知道他有一个妹妹，（Ø = 妹妹）刚刚上小学。

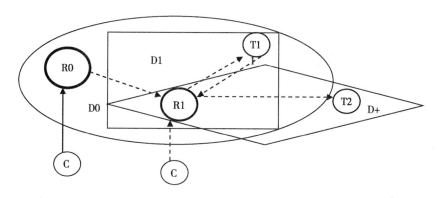

图 5 – 7   EM4 =（R1）T2 模式下的回指照应图式

EM4 =（R1）T2 模式和 EM2 =（R0）（R1）T2 模式从句子的表面结构上似乎相同，但是从认知参照点图式上来看，EM2 中的 R1→T1 的路径和 R1→T2 的路径同属于 D1 这个子领地和 D0 这个总领地，而 EM4 中的 R1→T2 的路径穿越了 D1 这个子领地和 D0 这个总领地，形成了一个独立的 D + 领地。

该模式下的零形回指常常是不符合汉语表达习惯的，而需要用代词回指或名词回指的形式进行照应才能成为正确的句子，如例（72）– a 所示：

（72）a. *我邀请朋友们到家里来玩，结果（Ø = 朋友们）都没有时间。

在这个句子中 R0 = 我，R1 = 朋友们，T1 = 家里，T2 = 时间。例（70）– a 和例（72）– a 的区别在于：例（70）– a 中的 T2 因为和 T1 处在同一子领地，和 R0 处在同一总领地中，因此可以被还原成：

（70）b. 我邀请朋友们到家里来玩，我邀请朋友们庆祝我的生日。

而例（72）– a 中的 T2 和 T1，R0 分属于不同的领地，因此不能被还原成：

*我邀请朋友们到家里来玩，我邀请朋友们都没有时间。

处在 D + 领地 R1 位置上的参照点必须由代词"他们"或名词"朋友们"来充当，如：

（72）b. 我邀请朋友们到家里来玩，结果他们/朋友们都没有时间。

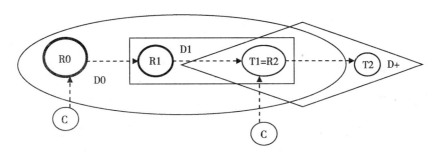

图 5 – 8　EM5 =（T1 = R2）T2 模式下的回指照应图式

EM5 =（T1 = R2）T2 模式和 EM3 =（R0）（T1 = R2）T2 模式从句子的表面结构上看似乎相同，但是从认知参照点图式上来看，EM3 中的 R1→T1 的路径和 R2→T2 的路径同属于 D0 这个总领地，而 EM5 中的 R2→T2 的路径穿越了 D0 这个总领地，形成了一个独立的 D + 领地。

该回指模式下的零形回指常常是不符合汉语表达习惯的，而需要用代词回指或名词回指的形式进行照应才能成为正确的句子，如例（75）– a 所示：

（73）a. * 我知道他有一个妹妹，（Ø = 他妹妹）可能也知道我。

在这个句子中，R = 我，R1 = 他，T1 = R2 = 妹妹，T2 = 我。例 71 – a 和例 73 – a 的区别在于：例 71 – a 中的 T2 因为和 T1 以及 R0 处在同一总领地中，因此可以被还原成：

（71）b. 我知道他有一个妹妹，我知道他的妹妹刚刚上小学。

而例（73）– a 中的 T2 和 T1，R0 分属于不同的领地，因此不能被还原成：

＊我知道他有一个妹妹，我知道他的妹妹可能也知道我。

处在 T1 = R2 位置上的参照点必须由代词"她"或名词"他妹妹"来充当，如：

（73）b. 我知道他有一个妹妹，她/他妹妹可能也知道我。

（三）距离因素假设和先行语可及性序列

在本章第一节"二"中的讨论中提到，概念之间的距离不仅仅和线性距离有关，还和概念关系网络中的认知距离有关。在这里，我们首先用回指语先行语和回指语之间间隔的名词短语的数量作为参数来考察他们之间的线性关系。当先行语和回指语间无间隔名词时，视其线性距离为 1，当先行语和回指语间间隔名词数量为 1 时，视其线性距离为 2，依此类推。计算结果如下所示：

EM1：R0R1T1 +（R0）T2	R0 和（R0）之间间隔 R1 和 T1
EM2：R0R1T1 +（R0）（R1）T2	R1 和（R1）之间间隔 T1
EM3：R0R1T1 +（R0）（T1 = R2）T2	T1 和（T1 = R2）无间隔名词
EM4：R0R1T1 +（R1）T2	R1 和（R1）之间间隔 T1
EM5：R0R1T1 +（T1 = R2）T2	T1 和（T1 = R2）无间隔名词

对于先行语和回指语之间的认知距离，虽然先行语和回指语位于不同的认知领地内，但是由于在我们的认知图式中表现为重合的实体，因此很难从认知图式中直接对先行语和回指语之间的认知距离进行计算。由于回指语作为一个新的认知参照点和回指语对应的目标处在同一个认知领地内，因此我们可以对先行语到回指语作为认知参照点所对应的目标之间的认知路径所途经的领地数量进行计算，以此来作为先行语和回指语之间的认知距离。当途经认知领地数为 1 时，视其认知距离为 1，当途经认知领地数为 2 时，视其认知距离为 2，依此类推。计算结果如下所示：

EM1：R0→T2　　　途经认知领地 D0（没有穿越任何领地）

EM2：R1→T2　　　途经认知领地 D1（没有穿越任何领地）

EM3：（T1 = R2）→T2　　途经认知领地 D1，D2（穿越 1 层领地）

EM4：R1→T2　　　途经认知领地 D1，D0，D +（穿越 2 层领地）

EM5：（T1 = R2）→T2　　途经认知领地 D1，D0，D +（穿越 2 层领地）

这五个扩展模式中的线性距离和认知距离两项参数数据分别如表 5 - 1 所示：

表 5 - 1　　　五种零形回指扩展模式下的线性距离和认知距离参数

	线性距离	认知距离
EM1	3	1
EM2	2	1
EM3	1	2
EM4	2	3
EM5	1	3

从表 5 - 1 中可以发现，EM4 和 EM5 这两种模式和 EM1、EM2、EM3 的最显著区别在于：EM4 和 EM5 的认知距离这一参数均为 3，而其他三个模式中这两项参数均为 1 或 2。具体来说，EM4 和 EM5 中先行语到回指语对应的目标的认知路径都途经了 D1，D0，D + 这三个认知领地，而在 EM1、EM2、EM3 中，零形回指的认知路径则只途经了一个或两个领地。而在线性距离参数上，EM4 和 EM5 却并不比前三种模式高。

据此，我们提出以下两条包含内嵌小句结构中的零形回指认知的距离因素的假设：

认知距离假设　先行语的可及性首先取决于先行语和回指语之间的认知距离。在认知参照点模式中，该距离可以用先行语 R 到回指语作为认知参照点所对应的目标 T 之间的认知路径所途经的领地数量来衡量。途经的领地数越多，认知距离越大，先行语的可及性越低。

线性距离假设　在认知距离相同的情况下，先行语的可及性接着取决于和回指语之间的线性距离。该距离可以用两者间间隔的名词短语数量来衡量，间隔的名词短语越多，线性距离越大，先行语的可及性越低。

将认知距离假设和线性距离假设结合起来，这五种扩展模式中先行语的可及性顺序为：

EM2 > EM1 > EM3 > EM5 > EM4

根据我们之前的讨论，EM4 和 EM5 模式下的零形回指常常是不符合汉语表达习惯的，如例（72）–a 和例（73）–a 所示；需要用代词回指或名词回指的形式进行照应才能成为正确的句子，如例（72）–b 和例（73）–b 所示。汤姆林（1997）在心理实验的基础上指出人类大脑一次激活的概念成分在数量上是有限制的，一般情况下一次只能激活两个左右的概念成分。在这里，我们借鉴汤姆林的观点，提出假设：人类大脑依一次激活的认知领地数量也是有限的，一般情况下一次只能激活最多两个认知领地。超出两个认知领地则超出了人的认知能力，也就是我们在本章第一节"一"中提到的认知负荷超出了人的工作记忆容量。零形回指语是一个空形式，要对零形回指进行认知必须依赖上下文语境，对应的认知领地必须处在高度激活的状态。而其他回指形式如代词回指和名词回指等则可以不需要所有的认知领地都处在高度激活状态，而根据回指语本身包含的信息对其进行认知。这一点是和可及性理论所提出回指语形式和实体先行语的可及性程度之间的对应关系是类似的。

据此，我们提出以下假设：

不可及假设 当先行语和回指语之间的认知距离大于 2 时，先行语对零形回指来说不可及。

在可及性理论中，只存在可及性程度高低，而不存在完全的不可及的实体。在不可及假设中所说的"不可及"，指的是先行语对零形回指语来说是否可及。由于零形回指语是高可及性标示语，当其对应的先行语不具有高可及性时，对于零形回指语来说就是不可及的。

由于 EM4 和 EM5 中先行语对于零形回指的不可及性，在考虑使用零形回指的倾向性时，EM5 相对于 EM4 的更大的在线性距离可以被忽略不计。因此，这五种扩展模式中使用零形回指的倾向性顺序可以表示为（ ｛ ｝ 表示处于同一水平上）：

EM2 > EM1 > EM3 > ｛EM4，EM5｝

黄衍（1994）和陈静等（2009）的研究只对包含内嵌小句的结构中不同语法成分作为零形回指先行语的可及性进行了排序，本质上还是基于先行语的凸显性进行的排序。而我们的研究则是对不同的零形回指照应模式下的先行语可及性进行了排序，不仅考察了先行语本身的凸显性，还考察了先行语和回指语之间的距离关系，并据此提出了 EM4 和 EM5 这两种模式下分别以内嵌小句主语和内嵌小句宾语为先行语的零形回指在汉语中的不可行性。也就是说，内嵌小句主语和内嵌小句宾语作为零形回指先行语在汉语中并不是无条件的，而是受到回指照应模式的限制的，这种限制性是黄衍和陈静等的研究中所未能涉及的。而对于零形回指被证明可行的 EM1、EM2、EM3 中，根据"EM2 > EM1 > EM3"的先行语可及性序列，我们可以采取与黄衍和陈静等同样的方式对内嵌小句主语、主句主语和内嵌小句宾语作为零形回指先行语的倾向性进行排序，并与黄衍和陈静等的序列进行对比如下：

> 黄衍（1994）：内嵌小句主语 > 内嵌小句宾语 > 主句主语
> 陈静等（2009）：主句主语 > 内嵌小句主语 > 内嵌小句宾语
> 本书：内嵌小句主语 > 主句主语 > 内嵌小句宾语

从这一对比来看，本研究提出的包含内嵌小句结构中的零形回指先行语的可及性序列与黄衍和陈静等的都有所不同，从某种意义上来说是对他们的两个序列的一种中和和修正。和黄衍（1994）一样，我们也认为内嵌小句主语是拥有最高可及性的语法成分，而在主句主语和内嵌小句宾语的可及性顺序上，我们又和陈静等（2009）的观点相同，认为主句主语的可及性高于内嵌小句宾语。我们认为，本书提出的这一可及性序列，由于考察了前两者所未能考察的距离因素，因此相比较于前两个序列更加精确。

以上只是我们基于认知参照点理论对汉语零形回指的距离因素进行的推理假设，而非正式的结论。我们将在第六章第四节通过认知实验的方法对以上假设进行验证。在这一节里，我们借助认知参照点理论的认知图式，提出了汉语零形回指的两个基本模式和五个扩展模式。理论上来说，在五种拓展模式的基础上还可以衍生出更多的拓展模式，而这种衍生可以是无穷的。然而由于受到人们在认知过程中的工作记忆容量的限制，随着认知参照点和认知领地数目的增加，零形回指认知的负荷也在不断增加，先行语的可及性不断降低，因此汉语零形回指的模式是不能无穷衍生的，更多层的认知参照点和领地格局并不会成为普遍的情形。因此我们认为现有的这五种模式在反映距离因素对先行语可及性的影响上已经具有足够的典型性和代表性。

第二节 复句语义关系因素

距离因素对于汉语零形回指认知的影响主要在于决定着先行语对于零形回指来说的可及性。这一因素只考虑了先行语和回指语之间的线性距离和认知距离，而没有考察相邻语句之间的语义关系。在一个语段中，可能会有多个实体对于零形回指来说是可及的，可以作为零形回指的先行语，而最终零形回指先行语的选择还要受到另一个结构因素——复句语义关系因素的影响。汉语的复句间蕴含着多种不同的语义关系，这些不同的语义关系为零形回指照应模式的不同提供了可能。以下我们将介绍一个从语义的层面对篇章结构进行研究的修辞结构理论，并以汉语复句的相关研究为基础对影响汉语零形回指认知的复句语义关系因素展开讨论。

一 修辞结构理论与汉语复句类型

曼和汤普森（Mann & Thompson，1987）创立的修辞结构理论（Rhetorical Structure Theory，简称 RST）是一个描述和分析自然语篇中各个组成部分之间的关系的理论。该理论认为语篇是由各种具有重要功能的部分构成，其中较小的部分按一定的关系模式组成更大的部分，直至生成语篇。一个语篇中的基本单元（通常是小句）不是杂乱无章地堆放在一起的，而是存在各式各样的语义关系。同样，由基本语篇单位所构成的语篇结构之间也存在类似的语义关系。无论是小句还是更大的语篇单元都是由一些为数不多的、反复出现的关系连接的。这些关系有时由关联词做标记，有时是完全隐含的。语篇关系的种类和数量理论上是无限的，但在实际应用中，绝大多数语篇均由一小部分重现率极高的常用关系模式构成，这些关系包括环境关系、阐述关系、背景关系、证据关系、解释关系、条件关系、列举关系、对比关系、目的关系、原因关系、结果关系等。大多数修辞关系是非对称性的，所连接的语篇单元有"核心成分"（nucleus）和"外围成分"（satellite）之分。核心成分传递相对重要的交际意图，因而具有核心性和主导性；外围成分则提供相应的补充信息，如阐释关系（elaboration）、原因关系（reason）等。也有一些修辞结构由多个核心成分构成，如序列关系（sequence）、对比关系（contrast）等。在我们接下来的研究中，我们把每个复句中的第二个分句，也就是零形回指语所在的语篇单元统称为"后续成分"，使其包括核心成分和外围成分两种语篇单元。

修辞结构理论充分体现了结构类型的多样性、组合方式的灵活性以及篇章结构的层级性，因而自创立以来，被广泛地应用于语言学问题的研究中。福克斯［Fox（1987）］在对该理论发展及修正的基础上，建立了她自己关于回指在英语说明文体中的分布及名词短语和代词选择的理论，并指出：语篇的信息流程、篇章结构、回指的分布这三者之间有着密切的联系，任何对回指的分析都应重视其在语篇等级结构中的释义。

汉语语篇的篇章结构的相关研究主要是对复句关系的研究。复句研究和修辞结构理论都研究两个以上小句相互之间的语义关系。两者对语句的分析都是以两个小句之间的语义关系为最基本的关系。汉语复句研究和修辞结构理论都有一套用于分析的关系类别。不同的研究者对汉语复句的语义关系的分类有不同的看法，但在对把复句先分为"联合复句"和"偏正复句"这两大类上看法基本一致。而朱晓亚（2001）在对现代汉语句模的研究中又发现了除了这两种复句类型之外的另一个汉语复句类型：补充模。这一复句关系类型可以用表 5 - 2 进行概括。

表 5 - 2　　　　　　　　　　汉语复句语义关系的分类

汉语句模	复句关系	例　　句
联合模	并列关系	a 绿既是美的标志，又是科学富足的象征。
	连贯关系	b 他看了看威严的法官，然后慢慢地低下了头。
	递进关系	c 他不认识我，甚至连我的姓名都不知道。
	选择关系	d 他宁可处分，也绝不向那个利欲熏心的主任低头。
主从模	因果关系	e 因为东西太多，所以屋子很挤。
	转折关系	f 我虽然感激他对我的关心，但又存有一份恐惧和戒心。
	条件关系	g 只要我们怀抱着信心，就能创造奇迹。
	让步关系	h 哪怕再穷，我也不会去偷东西。
补充模	注释关系	i 杨树有一个显著的特点，就是繁殖快。
	总分关系	j 我有两个哥哥，一个叫小龙，一个叫小虎。
	描叙关系	k 他娶了一个苏州姑娘，娇小玲珑的。
	说明关系	l 她兴奋地大笑着，笑得像一朵正开的花。

在朱晓亚的这个句模体系中，联合模对应于通常所说的"联合复

句"，主从模和补充模则对应通常所说的"偏正复句"。用修辞结构理论来进行解释的话，联合模是由多个核心成分构成的，而主从模和补充模则是由核心成分和外围成分共同构成的。

二　复句语义关系类型与零形回指先行语语法角色

通过对真实语料的观察，我们发现朱晓亚（2001）提出的这三类汉语句模在零形回指的使用上具有不同的特点：联合模中各核心成分通常共享同一个主语，除了第一小句之外，其他小句基本上都使用零形式作为主语，其零形回指的先行语为第一小句的主语。主从模中，后续成分可以使用零形主语，也可以不使用零形主语；当使用零形主语时，其回指先行语通常为核心成分的主语；当不使用零形主语时，主语和核心成分的主语不同。补充模中，除了说明关系之外，其他三种关系中，后续成分通常使用零形主语，其回指先行语为核心成分的宾语。而说明关系中的回指模式与联合模中的类似。

根据零形回指使用模式的不同，我们借鉴于素秋（2008）对于汉语句内照应关系的研究，将汉语复句语义关系分为以下两类：

1. 主题链型复句结构（如图5-9所示）

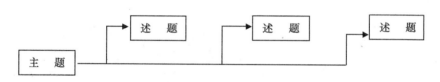

图5-9　主题链型复句结构1

主题链型复句依存于主题，主要通过主题部分的主语来表示连续性的行为和状态，可以对应于修辞结构理论中提出的由多个"核心成分"构成的修辞结构。当使用零形回指时，其回指的先行语通常为主题部分的主语。有些复句中并不使用零形回指，而是重新展开一个话题作为主语，如例句表5-2中e所示。我们把这种复句结构也归为主题链型复句结构的一种，其结构图如图5-10所示。

2. 信息链型复句结构（如图5-11所示）

信息链型复句是在述题部分将新信息引出并传导未知信息到下一个小句的述题中，可以对应于修辞结构理论中提到的非对称性的由"核心成分"和"外围成分"构成的修辞结构。当这类复句中使用零形回指时，

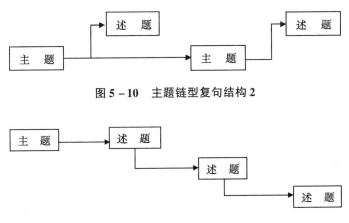

图 5 – 10 主题链型复句结构 2

图 5 – 11 信息链型复句结构

其先行语通常是述题部分的新信息，这里所说的述题就是我们通常所说的宾语。

将这两种复句结构和朱晓亚的汉语复合句句模对应起来看，联合模以及补充模中的说明关系复句都属于主题链型复句，如表 5 – 2 中例句 a、b、c、d、i。补充模中的注释关系从句、总分关系从句、描叙关系从句都属于信息链型复句，如表 5 – 2 中例句 i、j、k 所示。而主从模可以作为主题链型复句，也可以作为信息链型复句，如以下例句所示：

（74）a. 这座城市虽然有很多景点，但是（Ø = 城市）并不重视旅游业。

b. 这座城市虽然有很多景点，但是（Ø = 景点）都没有被开发。

（75）a. 她只想有一个属于自己的家，无论（Ø = 她）和谁在一起。

b. 她只想有一个属于自己的家，无论（Ø = 家）多小多破。

这四个句子都是主从模复句，其中例（74）– a 和（75）– a 属于主题链型复句，例（74）– b 和（75）– b 则属于信息链型复句。

复句语义关系类型和先行语语法角色之间的对应关系可以总结如下：

$$
\left.\begin{array}{l}
\text{先行语为主语→主题链型复句}\left\{\begin{array}{l}\text{联合模 + 说明关系补充模}\\[2ex]\text{主从模}\end{array}\right.\\[2ex]
\text{先行语为宾语→信息链型复句}\left\{\begin{array}{l}\\[1ex]\text{注释关系 + 总分关系 + 描叙关系补充模}\end{array}\right.
\end{array}\right.
$$

这两种复句语义关系的类型还可以和向心理论中话语间的过渡类型对应起来。根据第三章第二节"一"中对向心理论中三种过渡状态的特征的描述,主题链型复句结构中的过渡状态为"连续",而信息链型复句结构中的过渡状态为"转移",根据向心理论的规则 2,话语间的过渡状态按一定的可能性顺序排列:"连续 > 保持 > 转移"。因此,我们也可以得出结论:复句语义关系的可能性顺序排列为:主题链型复句 > 信息链型复句,也就是说主题链型复句在汉语中的出现频率要高于信息链型复句,先行语作为主语的零形回指照应模式比先行语作为宾语的零形回指照应模式在汉语中的出现频率更高。这也是和我们在第二章第二节"二"中的语料库统计数据汇总的结果相吻合的。

三　复句语义关系的形式标记

在前一节中,我们讨论了复句语义关系类型和先行语语法角色之间的对应关系。在汉语零形回指的生成中,在先行语已知的情况下,需要根据先行语的语法角色决定复句语义关系类型,并用一定的形式标记将这种复句语义关系表现出来。在汉语零形回指的解析中,先行语是未知的需要寻找答案,首先需要根据一定的形式标记来判断出复句语义关系的类型,再推导出先行语的语法角色,从而确定先行语。以下我们将对主题链型复句和信息链型复句的形式标记分别展开讨论。

(一) 主题链型复句的形式标记

主题链型复句主要通过主题部分的主语来表示连续性的行为或状态,因而在形式上突出地表现为联合性和平行性。修辞结构理论认为这类结构主要对应于序列关系、对比关系等。主题链型复句主要的形式标记包括以下两类。

1. 表示并列、连贯、递进、选择关系的关联词

表示小句之间联合关系的联合模通常是由表示并列、连贯、递进和选

择关系的关联词作为其形式标记的。由这些关联词联合在一起的语篇单元在表层形式上是相同或相近的，都属于修辞结构理论中所说的核心结构。

其中表示并列关系的关联词包括："也、又、还、同时、同样、既……又……、也……也……、又……又……、有时……有时……、一方面……一方面……、一会儿……一会儿……、一边……一边……、不是……而是……、是……不是……"。

表示连贯关系的关联词包括："就、便、才、于是、然后、后来、接着、跟着、首先……然后……、起先……后来……"。

表示递进关系的关联词包括："而且、并且、何况、甚至、更、还、不但、不仅、不光"。

表示选择关系的关联词包括："或者……或者……、是……还是……、不是……就是……、要么……要么……、与其……不如……、宁可……也不……"。

2. 句法平行

并不是所有的主题链型复句结构都有关联词作为其形式标记。如果前后相连的两个小句句法结构相同，谓语核心的结构相同，则也有很大可能是主题链型复句结构。如以下例句所示：

（76）真的勇士，敢于直面惨淡的人生，Ø 敢于正视淋漓的鲜血。[1]

（77）他听着那哗啦哗啦的单调的响声，Ø 嗅着潮湿的土气。[2]

例（76）包含的两个小句都是主动宾结构，即句法结构相同，并且谓语核心的句法结构也相同，都是"情态动词 + 谓语动词"结构。例（77）包含的两个小句都是主动宾结构，谓语核心都是"动词 + 体助词"结构，而且体助词都是"着"。因此，这两个例句中都包含平行的句法结构，构成主题链型复句结构。所以，在这两个例句中零形回指的先行语都是第一个小句的主语。

有的时候，复句中的各个小句之间并不一定在句法上完全平行，但结

---

① 摘自鲁迅《记念刘和珍君》。

② 摘自王蒙《组织部来了个年轻人》。

构类似，也属于主题链型复句结构，如以下例句所示：

（78）杭州是六朝古都，Ø 有很多历史名胜。

（79）他白天昏昏欲睡，Ø 晚上很精神。

在例（78）中，前后两个小句中的谓语动词都是静态的关系动词，在例（79）中，前后两个小句中有形成对称关系的时间状语"白天"和"晚上"，并且谓语部分都是形容词谓语结构。因而这两个小句也可以被认为是主题链型复句结构，零形回指的先行语都是第一个小句的主语，分别为"杭州"和"他"。

主题链型复句结构是一种自然的篇章表达方式，因而也是最普遍的复句结构，对形式标记的要求较为宽泛。只要满足以上任何一点形式标记，都可以被确定为主题链型复句结构。此外一些既不具备主题链型复句结构标记也不具备信息链型复句结构标记的，如说明关系补充句模都可以划入到这一类别中。

（二）信息链型复句的形式标记

信息链型复句是在述题部分将新信息引出并传导未知信息到下一个小句的述题中，具体表现为核心成分中引出新信息，外围成分对新信息进行补充阐释和描述。修辞结构理论认为这类结构主要对应于阐释关系、原因关系等。信息链型复句主要的形式标记包括以下类型。

1. 核心成分中的信息显著标记

根据我们在前一章中对信息显著的讨论，决定实体信息显著度的主要因素包括：①语法角色：通常信息显著的实体为句子的宾语；② 名词的有定性：名词的有定性越弱，信息显著度越高；③ 动词语义：关联动词/心理动词/结果动词经常可以引导出具有高信息显著度的新信息。因此，信息链型复句的形式标记体现在核心成分中就是：宾语位置为高信息显著度的名词，主要为无定名词，也可以为传递新信息的有定名词。

2. 外围成分中的静态情状标记

处在宾语位置的信息显著实体通常不具备语法和语义上的显著性，因而无法成为动作和行为的施事者和状态的主体，不能使用动态情状。它在语篇中的功能在于引出一个新信息，让这个新信息得到阐释和描述，从而将新信息变为已知信息，实现信息传递的语用功能。在对实体进行阐释和描叙时，通常句子是处于静态情状中。静态情状的语义特征是表现事物的某种固有性质或状态。陈平（1988）对静态情状进行了如下阐释："静态的对立面是动态。我们把情状沿时轴自零点向前展开的过程看作为该情状在时轴上占据一个时段的过程。如果情状在这个时段中的所有时点上呈现出来的状态都是相同的，那么我们便称为静态情状。也就是说，静态情状具有一种均质（homogeneous）的时间结构。"由此可见，静态情状的本质不是静止性，而是一种状态的延续和均质性。

根据我们对汉语语料的观察，句子情状的静态情状标记主要包括：

①判断句，通常用"是……（的）"来表达，如：

（80）她买了一堆衣服，Ø 全是今年的新款。

（81）这家工厂生产自行车，Ø 全是女式和儿童式的。

根据吕叔湘等（1984：434）的解释，"是"可以表示等同、归类、特征或质料，可以表示存在、领有等。所有这些意义，都可以进一步归结为表示对象的某种固有的性质或特征，一般不会随着时间的变化而发生变动。因此用"是……的"表达的判断句通常为典型的静态情状。

② 形容词谓语句，如：

（82）我自己做了一块蛋糕，Ø 非常好吃。

（83）他有个上大学的女儿，Ø 很漂亮。

形容词谓语句是对事物性质和状态的描写。王力（1985：50）在谈到"描写句"的时候指出：描写句是用来描写人物的德性的，人物的德性是比较地常在的，或比较地带绵延性的，普通的描写句都是描写常在或绵延的德性的。因此这类句子也属于典型的静态情状。

王力对描写句的阐述只提到了对人物的描写，事实上，形容词谓语句所描写的对象不仅可以描写人物，还可以描写其他名词性事物，如：

（84）我新买了一个手机，Ø 很好用。

然而并非所有的形容词谓语句都用来表达静态情状，事实上形容词可以分成性质形容词和状态形容词两类。与性质形容词相比，使用状态形容词的小句也可以表达对象具有的某种特性，但这种特性往往是事物在某一个特定的时间段内或时间点上所具备的，是事物的临时性质。朱德熙（1999：31）分析形容词时指出性质形容词做谓语时表示的是恒久的、静止的状态，而状态形容词则带有变化的性质。沈家煊（1999）也提出性质形容词的时间性弱，状态形容词的时间性强。因此在例（85）中，"开心"作为一个状态形容词，所表达的时间性和变化性都相较于例（84）中的性质形容词"好用"更强，静态性较弱而具有一定的动态性，因此例（85）所采用的是主题链型复句结构，而例（84）采用的是信息链型复句结构。

（85）我新买了一个手机，Ø 很开心。

③ 表示稳定状态的时态，包括进行时态、完成时态、一般现在时态，如：

（86）我碰到一个人，Ø 穿得非常奇怪。（进行时态）
（87）他写了一本小说，Ø 已经出版了。（完成时态）
（88）我有个表婶，Ø 很喜欢养狗。（一般现在时）

判断句和形容词谓语句表达的静态性是事物本身固有的性质，而时态等所表达的静态性是事物在某一个特定时间段内的状态的稳定性。王静（2004）指出：性质和状态都表示事物、事件的某些稳定的特征，都具有稳定的特点，不同的是性质的稳定是指事物在不同的时间点上所具有的性质都相同，也就是说这些性质在时间段上可以无限展开，而状态的稳定则受时间的限制，在某一个特定的时间段内是稳定的状态，而在不同的时间段内则可能发生变化。由此可见，性质的稳定性与状态的稳定性的区别在于是否具有时间性，受到时间的限制。状态因为具有时间性，是临时性的，而性质则是恒久不变的。状态的稳定性和能够随时间而改变的性质并不矛盾，因为稳定性是就一定的时间段而言，改变则是针对不同的时间段而言。只要在一定的时间段内不改变其运动形式，也可以视为稳定的。因此进行时态、完成时态、一般现在时态等都可以表达状态上的稳定性，因而成为静态性的标记。

相比较主题链型复句结构，信息链型复句结构对形式标记的要求更高。只有在核心成分的信息显著标记和外围成分的静态情状标记同时满足的情况下，才可以判断为信息链型复句结构，因此在汉语中出现得更少，这也是和我们在第二章第二节"二"中的语料库统计数据汇总的结果相吻合的。

在第六章第四节中，我们将通过对动词语义实验的结果进行数据分析来考察本节所提出的主题链型复句和信息链型复句的形式标记和先行语语法角色之间的对应关系。

第三节　本章小结

在本章中，我们对影响汉语零形回指先行语认知的结构因素从距离和复句语义关系这两个方面展开了讨论。

在距离方面，我们利用认知参照点模式，通过对五个包含内嵌小句结构中的回指照应模式下的线性距离和认知距离的考察，提出：①先行语相对于零形回指语的可及性首先取决于先行语和回指语之间的认知距离；②在认知距离相同的情况下，先行语的可及性接着取决于和零形回指语之间的线性距离；③当零形回指先行语到回指语对应目标的心理路径中途经的领地数大于 2 时，先行语对零形回指语来说不可及。并在此基础上对包含内嵌小句结构中的五种不同零形回指照应模式下先行语的可及性进行了排序。其中"内嵌小句主语 > 主句主语 > 内嵌小句宾语"的先行语序列是对以往的研究者提出的零形回指先行语序列的修正。

在复句语义关系因素的讨论中，以修辞结构理论为理论依据，结合前人对汉语复句关系的研究，将复句语义关系类型分为主题链型复句关系和信息链型复句关系，和零形回指的照应模式进行了对应，并探讨了它们各自的形式标记。在主题链型复句中，零形回指的先行语通常为前一分句的主语。而在信息链型复句中，零形回指的先行语通常为前一分句的宾语。主题链型复句主要的形式标记包括：①表示并列、连贯、递进、选择关系的关联词；②句法平行。信息链型复句主要的形式标记包括：①核心成分中的信息显著标记；②外围成分中的静态性标记。

距离因素和复句语义关系因素决定了凸显的实体是否可以成为零形回

指的先行语。这两个影响汉语零形回指认知的结构因素既相互独立，又彼此关联。在距离因素中提出的五个包含内嵌小句结构中的汉语零形回指照应模式中，除了 EM4 和 EM5 是不符合汉语习惯的照应模式外，在 EM1 和 EM2 模式下，由于是以前一分句中的认知参照点也就是某个领地格局中的主语作为后一分句的零形回指的先行语，因此对应于复句语义关系因素中提出的主题链型复句；而在 EM3 模式下，由于是以前一分句中的目标也就是某个领地格局中的宾语作为后一分句的零形回指的先行语，因此对应于信息链型复句。而根据 "EM2 > EM1 > EM3 > ｛EM4，EM5｝" 的先行语序列，可以推导出主题链型复句中先行语可及性高于信息链型复句。主题链型复句中先行语的高可及性意味着加工主题链复句所带来的认知负荷更少，相比之下，信息链型复句所带来的认知负荷更大，加工难度更大。这正是和我们提出信息链型复句结构对形式标记的要求更高，在汉语中出现得更少这一论断相符合的。

在第六章中，我们将通过认知实验的方式对影响汉语零形回指认知的距离因素和复句语义关系因素分别进行考察。

实　验

在本章中，我们将通过七个认知实验和八项数据分析来对之前两章提出的汉语零形回指的凸显因素和结构因素进行验证。这七个认知实验的目的和实验范式如表 6 - 1 所示：

表 6 - 1　　　　　　　　　　认知实验的目的和范式

	实验目的	实验范式
实验 1：先行语位置策略实验	通过对先行语位置策略的验证考察实体的语法显著性对于其作为汉语零形回指先行语的倾向的影响	歧义句先行语判断
实验 2：主语显著的共性实验	考察主语显著在主动句和被动句中的共性	续写方式选择
实验 3：名词生命度实验	考察名词生命度因素对于主语领属语和主语作为零形回指先行语的倾向性的影响	句子续写
实验 4：动词语义和复句语义关系实验	考察动词语义对于动词主语作为零形回指先行语的倾向性的影响；考察复句语义关系类型和零形回指先行语语法角色间的对应关系	句子续写
实验 5：名词有定性实验	考察名词的有定性对于其作为零形回指先行语的倾向性的影响	续写方式选择
实验 6：数量信息实验	考察无定名词的数量信息对于其作为零形回指先行语的倾向性的影响	歧义句先行语判断
实验 7：距离因素实验	考察包含内嵌小句结构中的距离因素对于实体作为零形回指先行语的倾向性的影响	续写方式选择

我们对被试给出的原始数据进行赋值之后录入 SPSS 17.0 软件进行数据分析，然后进行各种频率描述和分析检验。采用的分析检验方法包括方差分析和相关性分析。其中在方差分析中又分别进行了以被试为随机因素和以项目为随机因素的两种检验。

第一节　实验 1：先行语位置策略实验

一　实验方法

设计：在第四章第一节"三"中，我们介绍了卡米纳蒂（2002）提出的先行语位置策略（PAS），即在代词脱落语言中，主语位置上的空代词和显性代词存在先行语位置偏好性上的差异：空代词更倾向于指代主语位置的实体，而显性代词则更倾向于指代宾语位置的实体；其中空代词对于主语位置的先行词的偏好是代词脱落语言的一个普遍特性，而显性代词对于宾语位置的先行语的偏好总体来说相对较弱或不稳定。其中空代词和显性代词所对应的回指方式就是汉语研究中所说的零形回指和代词回指。因此，根据 PAS，零形回指倾向于以主语位置的实体作为其先行语，而代词回指倾向于以宾语位置的实体作为其先行语。本实验的目的是验证 PAS 在汉语中的有效性，进而验证语法显著因素对于汉语零形回指认知的影响。

为了实现这一实验目的，我们采用歧义句先行语判断的范式来考察被试在存在回指消解歧义的句子中对回指先行语进行选择时的倾向性。每组实验材料包括两种实验条件的句子：在条件 1 中，一个整句的前后两个分句间采用零形回指的形式进行照应，在条件 2 中，一个整句的前后两个分句间采用代词回指的形式进行照应，如以下例子所示：

例 I　条件 1：零形回指
　　当王强认识李明的时候，还没有结婚。
　　问题：谁还没有结婚？
　　a. 王强　b. 李明
条件 2：代词回指
　　当王强认识李明的时候，他还没有结婚。
　　问题：谁还没有结婚？
　　a. 王强　b. 李明

在以上两个实验条件中，除了一个采用零形回指，另一个采用代词回指来对前后两个分句进行照应外，其他内容完全一样。前一分句中的两个实体，在人称、数和性方面都完全相同，从语义的角度，也都可以作为零形回指和代词回指的先行语，因此整个句子是存在回指歧义的句子。本实验的假设是：被试在两个不同条件的句子中对回指先行语的选择有不同的倾向性；在使用零形回指的条件 1 中，选择主语作为回指先行语的倾向性大于选择宾语作为回指先行语的倾向性；在使用代词回指的条件 2 中，选择宾语作为回指先行语的倾向性大于选择主语作为回指先行语的倾向性。

被试：60 名浙江大学人一年级的本科生，专业背景不一，母语为汉语。

材料和程序：实验材料为 12 组如例 I 所示的测试题。所有 12 组测试题都在之前进行的预试验中请另外的 22 名浙江大学大一年级本科生进行过评定。预实验的目的是确保正式实验所采用的材料中每个条件下的句子都确实存在回指歧义，即前一分句的主语和宾语从语义上都可以作为后一分句的主语。评定的方法如下：将每组测试题中第一个分句中的主语和宾语以完整的名词形式填充到第二个分句句首，以取代原来的零形式或代词，再由被试评定整个句子在语义上是否都可以接受。如对于例 I，被试将看到以下两个句子：

    a. 当王强认识李明的时候，王强还没有结婚。
    b. 当王强认识李明的时候，李明还没有结婚。

被试被要求根据自己的语感对这两个句子的可接受性进行评分，给出 1—10 之间的分数，1 分表示最不可接受，10 分表示最可接受。只有同一组中两个接受评定的句子的平均评分都在 8 分以上的测试题才会成为最后正式实验的材料。

在正式实验中被试需要根据自己的语感对每组材料中两种条件下的句子中的回指先行语进行判断，选择前一分句中的主语或者前一分句的宾语作为回指的先行语。每组测试题中的两个条件被拆开，和来自其他实验的 24 组作为填充材料的测试题打乱顺序混合在一起。该实验不限时间，但要求被试完全根据自己的第一反应进行选择，不要对写下的答案作任何改动。

二　实验结果

所发放的 60 份测试卷，有 1 份试卷中对所有的问题的回答都一样，作无效卷处理。其他 59 份测试卷共计生成 708 个条件 1（零形回指形式）下的先行语选择，708 个条件 2（代词回指形式）下的先行语选择。经统计，被试在不同条件下选择的先行语的语法角色分布如图 6 - 1 所示。

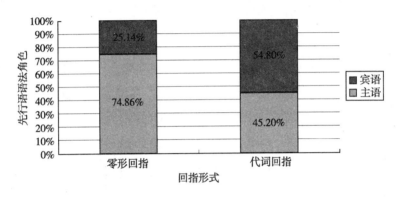

图 6 - 1　先行语位置策略实验结果统计

在使用零形回指的条件 1 下，被试选择主语作为回指先行语的比例较高（74.86%）；而在使用代词回指的条件 2 下，被试选择宾语作为回指先行语的比例较高（54.80%）。在使用零形回指的条件 1 下被试选择主语作为回指先行语的比例（74.86%）高于在使用代词回指的条件 2 下被试选择主语作为回指先行语的比例（45.20%），且分别以被试（F1）和项目（也就是测试题组别）（F2）作为随机因素的单因素方差分析的结果显示两者之间的差异显著［F1（1，58）= 14.926，p < 0.001；F2（1，11）= 225.838，p < 0.001］。同时，在使用零形回指的条件 1 下被试选择主语作为先行语的比例（74.86%）高于在使用代词回指的条件 2 下被试选择宾语作为先行语的比例（54.80%），且两者之间的差异显著［F1（1，58）= 18.802，p < 0.001；F2（1，11）= 18.380，p = 0.001］。

实验结果支持了实验假设，即汉语中的零形回指倾向于以主语位置的实体作为先行语，代词回指倾向于以宾语位置的实体作为先行语。同时实验结果还显示：零形回指对于以主语位置的实体作为先行语的倾向性强于代词回指对于以主语位置的实体作为先行语的倾向性。这一结果进一步验证了空代词对于主语位置的先行词的偏好在代词脱落语言中的普遍性，以

及显性代词相对于空代词来说较弱或不稳定的回指偏好。由于主语相对于
宾语的高语法显著性，这一结果验证了语法显著因素对于汉语零形回指认
知的影响，即语法显著性越高，作为零形回指先行语的倾向性就越高。

第二节　实验 2：主语显著的共性实验

一　实验方法

设计：在第四章第一节"二"中，我们介绍了约翰逊莱尔德（1968）
进行的主动句和被动句中主语的认知地位的认知实验。该实验表明：不管
采取怎样的识解方式，主语的认知显著性是不同句式的一个共性。本实验
的目的是对主语显著在汉语主动句和被动句中的共性进行验证。

为了实现这一实验目的，我们采取续写方式选择的范式来考察被试对
主动句和被动句的主语作为下一小句中零形回指的先行语的倾向性。在汉
语中，"把"字句和"被"字句是表达主动和被动含义的最典型的结构。
同一个事件，可以用"把"字句和"被"字句分别描述，其区别只在于
施事者和受事者在句子中的位置不同。"把"字句中的施事者出现在主语
位置，受事者出现在宾语位置①；而"被"字句中的施事者出现在宾语位
置，受事者出现在主语位置。我们可以对这两种句式的对比描述如下：

"把"字句：$NP1_{Agent} + 把 + NP2_{Patient} + VP$

"被"字句：$NP2_{Patient} + 被 + NP1_{Agent} + VP$

也就是说，同一个事件中的同一实体，当出现在"把"字句和"被"
字句中时，具有相反的语法角色。

在这个实验中，每组材料包括两种实验条件的句子：条件 1 为施事作
为主语的主动句，采用"把"字句的形式；条件 2 受事作为主语的被动
句，采用"被"字句的形式。被试被要求对每个条件的句子从两个以零
形回指形式进行续写的句子中选择他们认为更符合他们语感的句子。续写
方式 a 是以施事者作为回指的先行语，续写方式 b 是以受事者作为回指的

---

① 由于本实验考察的是实体的施事和受事性和它们的语法角色的交互作用，我们选择的
"把"字句均为表达最典型施受关系的处置式把字句，而不考虑致使式"把"字句和受事式
"把"字句。

先行语，如以下例句所示：

例Ⅱ　条件1：主动句

　　　妈妈把衣服和床单都洗了，＿＿＿＿＿＿。

　　　a. 现在在打扫房间　b. 现在很干净了。

条件2：被动句

　　　衣服和床单都被妈妈洗了，＿＿＿＿＿＿。

　　　a. 现在在打扫房间　b. 现在很干净了。

在这两个条件的前一分句中，描述的事件完全一样，参与的实体完全一样，唯一的区别在于主动句中是由施事者作为句子的主语，而被动句中是由受事者作为句子的主语。本实验的假设是：无论是在前一分句为主动句的条件1还是在前一分句为被动句的条件2中，被试都倾向于选择前一分句的主语作为零形回指先行语的续写方式。

被试：36名浙江大学大一年级的本科生，专业背景不一，母语为汉语。

材料和程序：实验材料为12组如例Ⅱ所示的测试题。所有12组测试题都在之前进行的预试验中请另外的22名浙江大学大一年级本科生进行过评定。预实验的目的是确保每组正式实验所采用的材料中第一个分句的两个实体在语义上都有可能作为后一个分句的主语。评定的方法如下：将每组测试题中两个句子的a、b两种形式的续写句的主语分别进行还原，a形式的主语为前一分句中的施事者，b形式的主语为前一分句中的受事者。由被试评定这些句子在语义上是否可以接受。如对于例Ⅱ，被试将看到以下四个句子：

条件1：　a. 妈妈把衣服和床单都洗了，妈妈现在在打扫房间。

　　　　　b. 妈妈把衣服和床单都洗了，床单现在很干净了。

条件2：　a. 衣服和床单都被妈妈洗了，妈妈现在在打扫房间。

　　　　　b. 衣服和床单都被妈妈洗了，衣服和床单现在都很干净了。

被试被要求根据自己的语感对这些句子的可接受性进行评分，给出1—10之间的分数，1分表示最不可接受，10分表示最可接受。只有当同一组中四个接受评定的句子的平均评分在 8 分以上的测试题才会成为最后正式实验的材料。

在正式实验中，被试需要根据自己的语感对每组材料中的两种条件下的续写方式进行选择。每组测试题中的两个条件被拆开，和来自其他实验的 24 组作为填充材料的测试题打乱顺序混合在一起。该实验不限时间，但要求被试完全根据自己的第一反应进行选择，不要对写下的答案作任何改动。

二　实验结果

所发放的 36 份测试卷经检验均为有效卷，共计生成 432 个条件 1（主动句）下的续写方式选择，432 个条件 2（被动句）下的续写方式选择。经统计，被试在不同条件下选择的回指先行语的语法角色分布如图 6–2 所示：

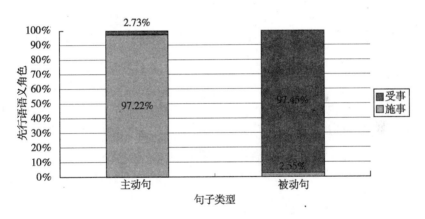

图 6–2　主语显著的共性实验结果统计

在主动句的条件 1 中，被试选择主语作为零形回指先行语的比例较高（97.22%）；在被动句的条件 2 中，被试选择主语作为零形回指先行语的比例也较高（97.45%）。单因素方差分析的结果显示：被试选择主语作为零形回指先行语的续写方式的比例在这两种条件下没有显著差别 [F1（1, 35）= 1.000，p = 0.324；F2（1, 11）= 0.314，p = 0.586]。实验结果支持了实验假设，即主语的认知显著性是主动句和被动句的一个共性。

第三节　实验3：名词生命度实验

一　实验方法

设计：在第四章第二节"二"中，我们介绍了许余龙等（2013）对于名词生命度因素对于汉语语篇中主语领属语和主语作为零形回指先行语的倾向性的影响进行的语料库研究。该研究显示：如果主语和主语领属语在生命度方面有差异，那么生命度较高的那个名词短语优先被选作先行语；如果主语和主语领属语在生命度方面相等，那么主语优先被选作先行语。本实验的目的是通过认知实验的方法对汉语中名词生命度因素对主语领属语和主语作为零形回指先行语的倾向性的影响进行验证。

为了实现这一实验目的，我们采用句子续写（sentence completion）的范式来考察被试在对不同生命度的名词作为主语的句子进行续写时对零形回指先行语的选择。每组实验材料包括两个条件：在条件1中，主语为高生命度名词NP1；在条件2中，主语为低生命度名词NP2。两个条件中的主语领属语都是相同的NP0，在生命度上NP0 = NP1 > NP2，NP0和NP1都处在"人 > 动物 > 无生命物"这一基本生命度序列的最高级别，而NP2则处在这一生命度序列的最低级别，如以下例句所示：

例Ⅲ　条件1：主语为高生命度名词
　　他的朋友很多，＿＿＿＿＿＿＿。
条件2：主语为低生命度名词
　　他的钱很多，＿＿＿＿＿＿＿。

除了主语的生命度不同外，每组句子中的两个条件的其他内容完全相同。本实验的假设是：在主语和主语领属语都为高生命度名词的条件1中，被试选择主语作为零形回指先行语的续写方式的倾向性大于选择主语领属语的倾向性；在主语为低生命度名词，而主语领属语为高生命度名词的条件2中，被试选择主语领属语作为零形回指先行语的续写方式的倾向性大于选择主语的倾向性。

被试：44名浙江大学大一年级的本科生，专业背景不一，母语为汉语。

材料和程序：实验材料为 12 组如例Ⅲ所示的测试题。被试需要用零形回指的形式续写句子，要求零形回指的先行语为前一分句中两个下划线名词中的一个。在实验开始前，有一个简单的对零形回指、先行语等术语的介绍，使被试能够充分理解实验要求。该实验不限时间，但要求被试完全根据自己的第一反应进行选择，不要对写下的答案作任何改动。

二　实验结果

所发放的 44 份测试卷，有 4 份没有按照规则进行续写，在某些句子中选择了前一分句主语和主语领属语之外的指代对象作为续写句的主语，作无效卷处理。其他 40 份测试卷共计生成 480 个条件 1（主语为高生命度名词）下的续写句，480 个条件 2（主语为低生命度名词）下的续写句。经统计，被试在不同条件下选择的先行语的语法角色分布如图 6 - 3 所示：

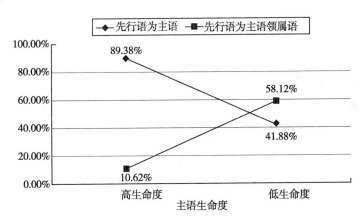

图 6 - 3　名词生命度实验结果统计

在主语为高生命度名词的条件 1 中，被试在续写句中选择主语作为零形回指先行语的比例较高（89.38%）；在主语为低生命度名词的条件 2 中，被试在续写句中选择主语领属语作为零形回指先行语的比例较高（58.12%）。单因素方差分析的结果显示：被试在条件 1 中的续写句中选择主语作为零形回指先行语的比例（89.38%）显著高于在条件 2 中的续写句中选择主语作为零形回指先行语的的比例（41.88%）[F1（1，39）= 90.767，p < 0.001；F2（1，11）= 84.191，p < 0.001]。实验结果支持了实验假设，证明了当主语和主语领属语都为高生命度名词时，被

试选择主语作为零形回指先行语的倾向性大于选择主语领属语作为零形回指先行语的倾向性；当主语为低生命度名词，而主语领属语为高生命度名词时，被试选择主语领属语作为零形回指先行语的倾向性大于选择主语作为零形回指先行语的倾向性。实验结果一方面证明了名词的生命度因素对于主语领属语和主语作为零形回指先行语的倾向性的影响，即名词的生命度越高，对应的语义显著度就越高，作为零形回指的先行语的倾向性也就越高；另一方面也证明了主语相对于主语领属语的更高的认知显著性，从而进一步验证了主语显著的普遍性。

第四节　实验4：动词语义和复句语义关系实验

一　实验方法

设计：在第四章第二节"三"中，我们提出不同类别的动词的施事性强弱从高到低依次为：行为动词 > ｛心理动词，结果动词｝ > 关联动词。在主动句中，动词的施事性越强，动词的主语的语义显著度就越高，就越容易在被试的认知过程中凸显出来，而成为回指的先行语。在第四章第三节"三"中，我们提到关联动词、心理动词、结果动词除了具有较低的施事性外，本身的语义还同时决定了它们具有新信息激活性，使得它们的宾语往往具有较高的信息显著度，从而在实体序列中凸显出来，成为零形回指的先行语。

在第五章第二节"二"中，我们提到，主题链型复句中零形回指的先行语通常为前一分句的主语，而信息链型复句中零形回指的先行语通常为前一分句的宾语。主题链型复句主要的形式标记包括：①表示并列、连贯、递进、选择关系的关联词；②句法平行。信息链型复句主要的形式标记包括：①核心成分中的信息显著标记；②外围成分中的静态情状标记。

本实验首先考察动词语义对于动词主语作为零形回指先行语的倾向性的影响。为了实现这一实验目的，我们采用句子续写的范式来考察被试在对使用不同语义类型的动词的句子进行续写时对零形回指先行语的选择。同时，通过对被试的续写句与前一分句间的语义关系和先行语在前一个分句中的语法角色的统计，我们还将对复句语义关系类型和先行语语法角色之间的对应关系进行验证。

　　每组实验材料包括三个条件的句子：在条件 1 中，谓语动词为行为动词；在条件 2 中，谓语动词为心理动词或结果动词；在条件 3 中，谓语动词为关联动词，如以下例句所示：

　　　　例 IV（a）条件 1：行为动词
　　　　　　他撞倒了一个同学，_____。
　　　　条件 2：心理动词
　　　　　　他看到了一个同学，_____。
　　　　条件 3：关联动词
　　　　　　他有一个同学，_____。

　　　　例 IV（b）条件 1：行为动词
　　　　　　这个城市拆了一座大桥，_____。
　　　　条件 2：结果动词
　　　　　　这个城市造了一座大桥，_____。
　　　　条件 3：关联动词
　　　　　　这个城市有一座大桥，_____。

　　在这三个条件中，除了动词语义类型不同外，其他内容完全相同，因此被试对零形回指先行语的选择将主要由动词语义决定。由于存现动词的主语通常为存现的地点，是低生命度的名词，而行为动词、心理动词、结果动词的主语通常为高生命度的名词，所以为了保证三个条件的主语完全一样，我们在条件 3 中选择的关联动词主要是主语可以为高生命度名词的关系动词"有"，句子类型为领属句。在三个条件中，动词的施事性强弱，也就是动词主语的语义显著度从高到低依次为：条件 1（行为动词）＞条件 2（心理／结果动词）＞条件 3（关联动词）。因此本实验对于动词语义因素的假设是：被试选择动词主语作为零形回指先行语的倾向性强弱对比为：条件 1（行为动词）＞条件 2（心理／结果动词）＞条件 3（关联动词）。对于复句语义关系类型和零形回指先行语语法角色之间的对应关系，本实验的假设是：当续写句为具有主题链型复句形式标记的句子时，先行语作为前一分句的主语的倾向性大于作为前一分句宾语的倾向性；当续写句为具有信息链型复句形式标记的句子时，先行语作为前一分句的宾语的倾向性大于作为前一分句主语的倾向性。

被试：47 名浙江大学大一年级的本科生，专业背景不一，母语为汉语。

材料和程序：实验材料为 12 组如例Ⅳ（a）、（b）所示的测试题。其中 1—6 组句子为"行为动词＋心理动词＋关联动词"的组合，如例Ⅳ（a）所示；7—12 组句子为"行为动词＋结果动词＋关联动词"的组合，如例Ⅳ（b）所示。被试需要用零形回指的形式续写句子，要求零形回指的先行语为前一分句中两个下划线名词中的一个。在实验开始前，有一个简单的对零形回指、先行语等术语的介绍，使被试能够充分理解实验要求。该实验不限时间，但要求被试完全根据自己的第一反应进行选择，不要对写下的答案作任何改动。

二　实验结果

（一）动词语义实验结果

所发放的 47 份测试卷，有 5 份没有按照规则进行续写，在某些句子中选择了前一分句中出现的实体之外的指代对象作为续写句的主语，或者没有采用零形回指的照应模式，作无效卷处理。其他 42 份测试卷视为有效卷，共计生成 504 个条件 1（行为动词）下的续写句，252 个条件 2（心理动词）下的续写句，252 个条件 2（结果动词）下的续写句，504 个条件 3（关联动词）下的续写句。经统计，被试在不同条件下选择主语作为先行语的比例分布如图 6 – 4 所示。

单因素方差分析的结果显示：在条件 2 的动词类型为心理动词的 1—6 组测试题中，行为动词的主语作为零形回指先行语的比例（60.71%）显著高于心理动词的主语作为零形回指先行语的比例（38.10%）[F_1（1，41）＝10.445，p＝0.002；F_2（1，5）＝10.275，p＝0.024]，后者又在以项目为随机因素的分析中显著高于关联动词的主语作为零形回指先行语的比例（23.81%）[F_1（1，41）＝3.427，p＝0.071；F_2（1，5）＝10.385，p＝0.023]。在条件 2 的动词类型为结果动词的 7—12 组测试题中，行为动词的主语作为零形回指先行语的比例（73.81%）显著高于结果动词的主语作为零形回指先行语的比例（54.76%）[F_1（1，41）＝7.182，p＝0.011；F_2（1，5）＝34.286，p＝0.002]，后者又显著高于关联动词的主语作为零形回指先行语的比例（7.14%）[F_1（1，

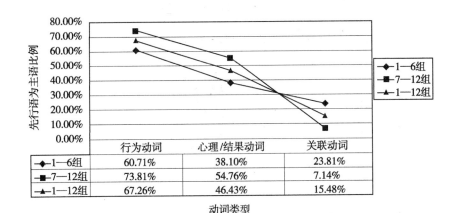

图6-4 动词语义实验结果统计

41) = 68.524, p < 0.001; F2 (1, 5) = 250.000, p < 0.001]。在所有的1—12组测试题中, 行为动词的主语作为零形回指先行语的比例 (67.26%) 显著高于心理/结果动词的主语作为零形回指先行语的比例 (46.43%) [F1 (1, 41) = 14.417, p < 0.001; F2 (1, 11) = 30.977, p < 0.001], 后者又显著高于关联动词的主语作为零形回指先行语的比例 (15.48%) [F1 (1, 41) = 49.026, p < 0.001; F2 (1, 11) = 30.146, p < 0.001]。实验结果支持了实验假设, 证明了动词语义对于动词主语作为零形回指先行语的倾向性的影响, 即动词的施事性越强, 动词对应的主语的语义显著度就越高, 作为零形回指先行语的倾向性就越强①。

由于动词语义的复杂性, 即使是属于同一类型的不同动词在施事性上也可能存在差异, 而我们的实验样本也比较有限, 因此我们无法根据心理动词和结果动词数据对比对这两类动词在其主语作为零形回指先行语的倾向性上的差异做出任何结论, 而只是通过对心理动词和结果动词的分别统计提高了实验结论的全面性。

(二) 复句语义关系实验结果

我们对被试写出的所有的1512个续写句与前一分句间的语义关系根据我们提出的主题链型复句和信息链型复句的形式标记进行了归类, 并分别统计了具有主题链型复句标记和信息链型复句标记的句子中的零形回指

---

① 由于本实验中选择的句子都是主动句, 因此不考虑被动句中动词的宾语为动词对应施事性论元的情况。

先行语在前一个分句中的语法角色，统计结果如图 6 – 5 所示。

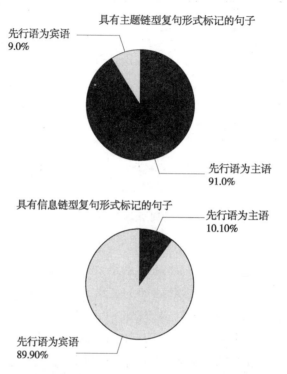

图 6 – 5 　复句语义关系类型和先行语语法角色的对应关系结果统计

将 1512 个句子中的先行语选择（主语/宾语）数据和复句语义关系类型的形式标记数据进行相关度检验，结果显示，这二者之间的相关系数为 0. 859，相关显著性 < 0. 01。实验结果支持实验假设，证明了复句语义关系类型和零形回指先行语的语法角色之间存在显著的相关性：主题链型复句中零形回指的先行语作为前一分句的主语的倾向性显著高于作为前一分句宾语的倾向性；而信息链型复句中零形回指的先行语作为前一分句的宾语的倾向性显著高于作为前一分句主语的倾向性。

第五节　名词有定性实验

一　实验方法

设计：在第四章第三节"二"中，我们提出：无定名词的信息显著度高于有定名词，在宾语位置上作为零形回指先行语的倾向性高于有定名词。本实验考察名词有定性对于其作为零形回指先行语的倾向性的影响。

为了实现这一实验目的，我们采用续写方式选择的范式来考察当先行语分别为无定名词和有定名词时，被试对回指形式的选择。每组实验材料包括两个条件的句子：在条件 1 中，先行语为无定名词短语；在条件 2 中，先行语为有定名词短语。两种条件下的先行语都是前一分句的宾语，且使用同一中心名词。被试被要求从两种不同回指形式的句子续写方式中选择他们认为更符合他们语感的方式。续写方式 a 是以零形回指的方式和前一分句中的先行语进行照应，续写方式 b 是以代词回指的方式和前一分句中的先行语进行照应。如以下例句所示：

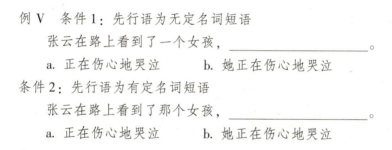

例 V　条件 1：先行语为无定名词短语

张云在路上看到了一个女孩，＿＿＿＿＿＿＿＿＿＿＿。

a. 正在伤心地哭泣　　　b. 她正在伤心地哭泣

条件 2：先行语为有定名词短语

张云在路上看到了那个女孩，＿＿＿＿＿＿＿＿＿＿＿。

a. 正在伤心地哭泣　　　b. 她正在伤心地哭泣

在这两个条件中，描述的事件完全一样，参与的实体完全一样，唯一的区别在于先行语的信息显著度不同。由于本实验考察的是宾语的信息显著度，因此实验所采用的句子中的动词为具有新信息激活性的动词。在第四章第三节“三”中，我们把可以引导高信息显著度的宾语的动词分为关联动词、心理动词和结果动词三大类。为了消除名词生命度对于不同成分在凸显性竞争上的影响，我们在编写前一分句的时候选择的动词类型是主语和宾语都可以为人类的心理类动词。根据可及性理论，回指语可以作为不同可及度的标示，先行语的显著度越高，可及性越强，则越倾向于选择高可及性标示语，而零形回指比代词回指对应的先行语可及度更高。因此本实验的假设是：被试选择零形回指形式的续写方式的倾向性强弱对比为：条件 1（先行语为无定名词短语）＞条件 2（先行语为有定名词短语），即当先行语为无定名词时被试选择零形回指形式的续写方式的倾向性大于当先行语为有定名词时。

被试：60 名浙江大学大一年级的本科生，专业背景不一，母语为汉语。

材料和程序：实验材料为 12 组如例 V 所示的测试题。所有的 12 组测试题都在之前进行的预试验中请另外的 22 名浙江大学大一年级本科生进行过评定。预实验的目的是确保正式实验所采用的材料中每个条件下的两种续写方式中的回指先行语都是明显指向前一分句的宾语的。评定的方法如下：由被试判断每组实验材料中条件 1 和条件 2 下的两种续写方式下零形回指和代词回指的先行语。以例 V 为例，被试需要根据自己的语感判断以下四个句子中零形回指和代词回指的先行语：

> 张云在路上看到了一个女孩，正在伤心地哭泣。
> 张云在路上看到了一个女孩，她正在伤心地哭泣。
> 张云在路上看到了那个女孩，正在伤心地哭泣。
> 张云在路上看到了那个女孩，她正在伤心地哭泣。

当被试判断回指先行语为前一分句宾语时计 1 分，判断回指先行语为前一分句主语时计 0 分。对每组实验材料的所有得分进行统计，只有当同一组中四个接受评定的句子的平均得分都在 0.8 分以上的材料才会成为正式实验的材料。

在正式实验中，被试需要根据自己的语感对每组材料中的两个不同条件下的句子的续写方式进行选择，选择用零形回指的方式或是用代词回指的方式进行句子续写。每组测试题中的两个条件被拆开，和来自其他实验的 24 组作为填充材料的测试题打乱顺序混合在一起。该实验不限时间，但要求被试完全根据自己的第一反应进行选择，不要对写下的答案作任何改动。

二　实验结果

所发放的 60 份测试卷，有 2 份对所有的句子都作出了同样的选择，作无效卷处理。其他 58 份测试共计生成 696 个条件 1（零形回指）下的续写方式选择，696 个条件 2（代词回指）下的续写方式选择。经统计，被试在不同条件下选择回指形式的分布如图 6 - 6 所示。

单因素方差分析的结果显示：当先行语为无定名词时选择零形回指形式的续写方式的比例（56.90%）显著大于当先行语为有定名词时选择零

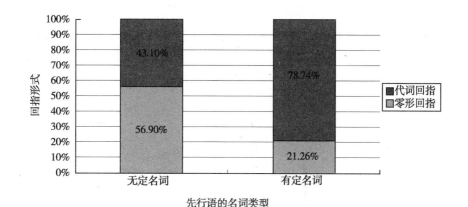

图 6 – 6 无定名词与有定名词对比实验结果统计

形回指形式的续写方式的比例（21.26%）［F1（1，57）＝27.037，p＝＜0.001；F2（1，11）＝330.344，p＝＜0.001］。实验结果支持了实验假设，即在作为小句宾语时，无定名词比有定名词有更高的倾向作为零形回指的先行语，从而证明了有定性对于名词信息显著度的影响，即无定名词由于比有定名词有更高的信息显著性，因此作为零形回指先行语的倾向性更高。

第六节　数量信息实验

一　实验方法

设计：在第四章第三节"二"中，我们提出："一＋量词"修饰的无定名词短语比其他数量词修饰的无定名词短语具有更高的信息显著性，作为零形回指先行语的倾向性更强。本实验考察数量信息对无定名词作为零形回指先行语的倾向性的影响。

为了实现这一实验目的，我们采用歧义句先行语判断的范式来考察被试在存在回指消解歧义的句子中分别选择被"一＋量词"（在个别句子中，数词"一"被省略）形式的数量词和其他数量词修饰的无定名词作为零形回指先行语的倾向性。每组实验材料包括两个条件的句子：在条件1中，前一分句宾语中的无定名词被"一＋量词"形式的数量词修饰；在条件2中，前一分句宾语中的无定名词被其他数量词修饰，其余内容在两种条件下完全相同。后一分句采用零形回指的形式，且回指先行语在语义上既有可能是前一分句的主语，也有可能是前一分句的宾语，因此是存在回指消解歧义的句子。被试被要求判断零形回指的先行语是前一分句的主语还是前一分句的宾语。如以下例句所示：

> 例 VI 条件 1：无定名词被"一 + 量词"形式的数量词修饰
> 他有一个朋友，Ø 很热情。
> 问题：谁很热情？　　a. 他　b. 朋友
> 条件 2：无定名词被其他数量词修饰
> 他有很多朋友，Ø 很热情。
> 问题：谁很热情？　　a. 他　b. 朋友

根据可及性理论，零形式是一个高可及性标示语。因此本实验的假设是：宾语位置的无定名词充当零形回指先行语的倾向性强弱对比为：条件 1（无定名词被"一 + 量词"形式的数量词修饰）＞条件 2（无定名词被其他数量词修饰），即在作为宾语时，被"一 + 量词"修饰的无定名词比被其他数量词修饰的无定名词具有更高的作为零形回指先行语的倾向性。

被试：43 名浙江大学大一年级的本科生，专业背景不一，母语为汉语。

材料和程序：实验材料为 12 组如例 VI 所示的测试题。所有的 12 组测试题都在之前进行的预试验中请另外的 22 名浙江大学大一年级本科生进行过评定。预实验的目的是确保正式实验中每组材料中的每个句子确实都存在回指消解的歧义，也就是前一分句的主语和宾语在语义上都可以作为后一分句零形回指的先行语。评定的方法如下：将前一分句的主语和宾语分别还原到后一分句零形回指语的位置上，由被试判断还原后的句子在语义上的可接受度。以例 VI 为例，被试需要判断以下句子在语义上的可接受度：

> 条件 1：a. 他有一个朋友，他很热情。
> 　　　　b. 他有一个朋友，朋友很热情。
> 条件 2：a. 他有很多朋友，他很热情。

b. 他有很多朋友，朋友很热情。

被试被要求对这些句子的可接受性进行评分，给出 1—10 之间的分数，1 分表示最不可接受，10 分表示最可接受。所有的 12 组测试题中的四个还原后的句子的得分都在 8 分以上。

在正式实验中，被试需要根据自己的语感对每组材料中零形回指的先行语进行判断。每组测试中的两个条件被拆开，和来自其他实验的 24 组作为填充材料的测试题打乱顺序混合在一起。该实验不限时间，但要求被试完全根据自己的第一反应进行选择，不要对写下的答案做任何改动。

二　实验结果

所发放的 43 份测试卷经检验全部为有效答卷。共计生成 516 个条件 1（无定名词被 "一 + 量词" 形式的数量词修饰）下的先行语选择，516 个条件 2（无定名词被其他数量词修饰）下的先行语选择。经统计，被试在不同条件下选择宾语位置的无定名词作为零形回指先行语的比例如图 6 – 7 所示。

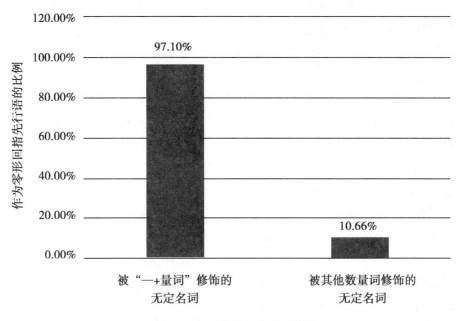

图 6 –7　数量信息实验结果统计

单因素方差分析的结果显示：被"一 + 量词"修饰的无定名词作为零形回指先行语的比例（97.10%）显著高于被其他数量词修饰的无定名词作为零形回指先行语的比例（10.66%）［F1（1，42）= 2110.781，p < 0.001；F2（1，11）= 592.653，p < 0.001］。实验结果支持了实验假设，即在作为小句宾语时，被"一 + 量词"修饰的无定名词比被其他数量词修饰的无定名词有更高的倾向作为零形回指的先行语，从而证明了数量信息对于无定名词的信息显著度的影响，即被"一 + 量词"修饰的无定名词比被其他数量词修饰的无定名词有更高的信息显著度，因此作为零形回指先行语的倾向性更高。

第七节　距离因素实验

一　实验方法

设计：在第五章第一节"三"中，我们提出了汉语零形回指认知的距离因素的三条假设：认知距离假设、线性距离假设和不可及假设。根据这三条假设，包含内嵌小句结构中的五种扩展模式中使用零形回指进行照应的倾向性顺序为：EM2 > EM1 > EM3 > ｛EM5，EM4｝。不同语法角色在包含内嵌小句结构中作为零形回指先行语的可及性顺序为：内嵌小句主语 > 主句主语 > 内嵌小句宾语。

本实验考察包含内嵌小句结构中的距离因素对汉语零形回指认知的影响。为了实现这一实验目的，我们采用续写方式选择的范式来考察不同的回指照应模式下，被试对回指形式的选择差异。每组实验材料包括五个条件，从条件1到条件5分别对应第五章第一节"三"中所提出的包含内嵌小句结构中的EM1到EM5这五种回指照应模式。对于每一种条件的句子，被试被要求从两种不同指称形式的句子续写方式中选择他们认为更符合他们语感的方式。续写方式 a 是以零形回指的方式和前一分句中的先行语进行照应，续写方式 b 是以代词回指或名词回指的方式和前一分句中的先行语进行照应。其中使用代词回指方式还是名词回指方式进行回指是根据原句内容，原句中先行语为代词的就用代词回指。原句中先行语为名词的就用名词回指。兼语句的条件2中，为了使整个句子更加符合汉语表达习惯，代词或名词回指的续写句中还将主句的谓语还原了出来，如以下例句所示：

例Ⅶ（a）兼语句

条件1：我邀请朋友们参加我的派对，_____。
　　a. 买了很多好吃的。b. 我买了很多好吃的。

条件2：我邀请朋友们参加我的派对，_____。
　　a. 和我一起过生日。b. 邀请朋友们和我一起过生日。

条件3：我邀请朋友们参加我的派对，_____。
　　a. 是在下周日晚上。b. 派对是在下周日晚上。

条件4：我邀请朋友们参加我的派对，_____。
　　a. 结果都没有时间　b. 结果朋友们都没有时间。

条件5：我邀请朋友们参加我的派对，_____。
　　a. 结果被取消了。　b. 结果派对被取消了。

例Ⅶ（b）从句宾语句

条件1：我知道他有一个妹妹，_____。
　　a. 很羡慕他。　　b. 我很羡慕他。

条件2：我知道他有一个妹妹，_____。
　　a. 还有一个弟弟。b. 他还有一个弟弟。

条件3：我知道他有一个妹妹，_____。
　　a. 正在上小学。　b. 他妹妹正在上小学。

条件4：我知道他有一个妹妹，_____。
　　a. 因为经常提起他妹妹。b. 因为他经常提起他妹妹。

条件5：我知道他有一个妹妹，_____。
　　a. 可能也知道我。b. 他妹妹可能也知道我。

在这五个条件中，前一分句为包含内嵌小句结构，包括兼语句和从句宾语句两种类型，且内容完全一样。本实验的假设是：被试选择零形回指形式的续写方式的倾向性强弱顺序为：条件2＞条件1＞条件3＞｛条件5，条件4｝。

被试：85名浙江大学大一年级的本科生，专业背景不一，母语为汉语。

　　材料和程序：实验材料为 6 组如例Ⅶ（a）所示的前一分句为兼语句结构的测试题和 6 组如Ⅶ（b）所示的前一分句为从句宾语句结构的测试题。所有 12 组测试题都在之前进行的预试验中请另外的 22 名浙江大学大一年级本科生进行过评定。预实验的目的是确保正式实验中每组材料中的条件 1 至条件 5 所对应的照应模式分别为第五章第一节"三"中提出的 EM1 – EM5。评定的方法如下：首先由被试判断条件 1 至条件 5 中零形回指的先行语位置，看是否和 EM1 – EM5 的照应模式中的先行语位置相符。以例Ⅶ（a）为例，被试需要判断以下五个句子中零形回指的先行语：

　　　　条件 1 我邀请朋友们参加我的派对，买了很多好吃的。
　　　　条件 2 我邀请朋友们参加我的派对，和我一起过生日。
　　　　条件 3 我邀请朋友们参加我的派对，是在下周日晚上。
　　　　条件 4 我邀请朋友们参加我的派对，结果都没有时间。
　　　　条件 5 我邀请朋友们参加我的派对，结果被取消了。

　　根据 EM1 – EM5 的回指照应模式，在这五个条件中，零形回指的先行语应分别为：

条件 1	条件 2	条件 3	条件 4	条件 5
我	朋友们	派对	朋友们	派对

　　当被试所判断的先行语符合以上预计时，计 1 分，当被试所判断的先行语不符合以上预计时，计 0 分。对每组实验材料的所有得分进行统计，只有当同一组中五个接受评定的句子的平均得分都在 0.8 分以上的材料才会进入下一轮评定。

　　接下来，由于 EM2 和 EM4，以及 EM3 和 EM5 这两组照应模式下的先行语位置相同，但是属于不同的照应模式，所以还需要对条件 2 和条件 4，以及条件 3 和条件 5 是否属于不同的照应模式进行评定。EM2 和 EM4，以及 EM3 和 EM5 所对应的照应模式的区别在于：EM2 和 EM3 中，第二个分句和第一个分句处在同一个认知领地内，而 EM4 和 EM5 中，第二个分句和第一个分句处在不同的认知领地内。所以我们采取如下的评定方法：将这四个条件的句子分别采用非零形回指的形式进行改写，从形式上使整个句子明显地处在同一个认知领地内，由被试评定这五个改写后的句子在语义上的可接受度，如以下箭头后的句子所示：

条件 2：我邀请朋友们参加我的派对，和我一起过生日。

→ 我邀请朋友们参加我的派对，我邀请朋友们和我一起过生日。

条件 3：我邀请朋友们参加我的派对，是在下周日晚上。

→ 我邀请朋友们参加我在下周日晚上的派对。

条件 4：我邀请朋友们参加我的派对，结果都没有时间。

→ 我邀请朋友们参加我的派对，结果我邀请朋友们都没有时间。

条件 5：我邀请朋友们参加我的派对，结果被取消了。

→ 我邀请朋友们参加我结果被取消了的派对。

对于如Ⅶ（b）所示的从句宾语句的材料，其他步骤和 1—6 组的兼语句的材料相同，但是在第二轮中对条件 3 和条件 5 这两组句子是否属于不同的照应模式进行评定时，对这两个条件的句子的改写方式不同。以例Ⅶ（b）为例，条件 3 和条件 5 将被以以下方式置于一个明显的认知领地中：

条件 3：我知道他有一个妹妹，她妹妹正在上小学。

→ 我知道他有一个妹妹，我知道她妹妹正在上小学。

条件 5：我知道她有一个妹妹，可能也知道我。

→ 我知道她有一个妹妹，我知道她妹妹可能也知道我。

对于条件 2 和条件 3，由于对应的 EM2 和 EM3 中两个分句是处于同一个认知领地内的，所以当被试判断改写后的句子在语义上是可以接受时，计 1 分，反之则计 0 分。对于条件 4 和条件 5，由于对应的 EM4 和 EM5 中两个分句是处于不同的认知领地内的，所以当被试判断改写后的句子在语义上是可以接受时，计 0 分，反之则计 1 分。只有当同一组材料中五个接受评定的改写句的平均得分都在 0.8 分以上的材料才会成为正式的实验材料。

在正式实验中被试需要根据自己的语感对每组材料中五种条件下的两种续写方式进行选择，选择用零形回指的方式或是用代词/名词回指的方式进行句子续写。每组测试题中的五个条件被拆开，和来自其他实验的 24 组作为填充材料的测试题打乱顺序混合在一起。该实验不限时间，但要求被试完全根据自己的第一反应进行选择，不要对写下的答案作任何改动。

二　实验结果

所发放的 85 份测试卷，有 5 份对所有的条件都作出了同样的选择，作无效卷处理。其他 80 份测试卷生成五种条件下的续写句各 960 句。经统计，被试在不同条件下选择零形回指形式的续写方式的比例分布如下：

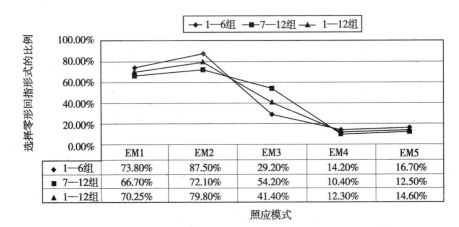

	EM1	EM2	EM3	EM4	EM5
◆ 1—6组	73.80%	87.50%	29.20%	14.20%	16.70%
■ 7—12组	66.70%	72.10%	54.20%	10.40%	12.50%
▲ 1—12组	70.25%	79.80%	41.40%	12.30%	14.60%

照应模式

图 6 - 8　包含内嵌小句结构中的距离实验结果统计

在所有的 12 组测试题中，这五种条件下选择零形回指形式的续写方式的比例从高到低依次为：条件 2（79.80%）＞条件 1（70.25%）＞条件 3（41.40%）＞条件 5（14.60%）＞条件 4（12.30%）。单因素方差分析中的两两比较检验结果显示：除了条件 4 和条件 5 之间的差异不显著外（以被试为随机因素时 $p = 0.213$；以项目为随机因素时 $p = 0.178$），各个条件间的差异在以被试为随机因素和以项目为随机因素的分析中均显著（$p < 0.001$）。

在前一小句为兼语句的Ⅶ（a）型的 6 组测试题中，这五种条件下选择零形回指形式的续写方式的比例从高到低依次为：条件 2（87.50%）＞条件 1（73.80%）＞条件 3（29.20%）＞条件 5（16.70%）＞条件 4（14.20%）。单因素方差分析中的两两比较检验结果显示：除了条件 4 和条件 5 之间的差异不显著外（以被试为随机因素时 $p = 0.300$；以项目为随机因素时 $p = 0.289$），各个条件间的差异在以被试为随机因素和以项目为随机因素的分析中均显著（$p < 0.001$）。

在前一小句为从句宾语句的Ⅶ（b）型的 6 组测试题中，这五种条件下选择零形回指形式的续写方式的比例从高到低依次为：条件 2（72.10%）＞条件 1（66.70%）＞条件 3（54.20%）＞条件 5（12.50%）＞条件 4（10.40%）。单因素方差分析中的两两比较检验结果显示：除了条件 4 和条件 5 之间的差异不显著外（以被试为随机因素时 $p = 0.397$；以项目为随机因素时 $p = 0.442$），各个条件间的差异在以被试为随机因素和以项目为随机因素的分析中均显著（$p < 0.05$）。

实验结果支持了实验假设，即在五种条件下被试选择零形回指形式的续写方式的倾向性强弱顺序为：条件 2 ＞条件 1 ＞条件 3 ＞ ｛条件 5，条件 4｝，其中条件 4 和条件 5 中被试选择零形回指的倾向性没有显著差异。这一结果和我们关于距离因素的三个假设提出的"EM2 ＞ EM1 ＞ EM3 ＞ ｛EM5，EM4｝"这一使用零形回指进行照应的倾向性顺序相符合，因而证明了距离因素对于回指先行语的可及性的影响，即先行语和回指语之间的距离越小，先行语的可及性就越高，作为零形回指先行语的倾向性也越高。同时，这一结果也支持了"内嵌小句主语 ＞ 主句主语 ＞ 内嵌小句宾语"这一零形回指先行语倾向性序列。

第八节　讨　论

实验 1 证明了汉语中零形回指对于主语位置的实体作为其先行语的高倾向性；实验 2 证明了主语显著在主动句和被动句中的共性；实验 3 显示当主语和主语领属语都为高生命度名词时，主语作为零形回指先行语的倾向性高于主语领属语。实验 7 显示在内嵌小句结构中，主句主语和内嵌小句主语作为零形回指先行语的倾向性都高于内嵌小句的宾语。以上实验虽然实验目的各有不同，但都显示了汉语中主语作为零形回指先行语的高倾向性，证明了我们提出的语法显著因素对于汉语零形回指认知的影响。

与此同时，实验 3 显示当主语为低生命度名词，而主语领属语为高生命度名词时，主语领属语有着较高的作为零形回指先行语倾向性；实验 4 和实验 5 显示当谓语动词为关联动词，且动词宾语为无定名词，特别是"一＋量词"修饰的无定名词时，宾语位置的实体有着较高的作为零形回指先行语的倾向性。以上实验结果说明：在语义显著和信息显著的作用下，除了主语之外的其他语法角色也可以在语篇中凸显出来，有较高的作为零形回指先行语的倾向性。正如我们在第四章第四节所说，语法显著、语义显著、信息显著作为实体凸显的三个层面，对零形回指的先行语选择都有着不同形式的影响，同时也相互关联相互作用；在语法显著、语义显著和信息显著的共同作用下，某些实体从语篇中凸显出来，成为零形回指的先行语。

值得注意的是，在实验 2 中的被动句条件中，主语位置上的受事者虽然根据我们对语义显著因素的分析在语义显著度上低于作为宾语的施事者，然而其作为零形回指先行语的比例（97.45%）和主动句条件中作为主语的施事者作为零形回指先行语的比例（97.22%）基本相同，而宾语位置上的施事者作为零形回指先行语的比例只有 2.55%。也就是说，在被动句条件中，被试对于零形回指先行语选择的倾向性并没有受到施事者的语义显著性的影响。同时，在实验 2 的主动句和被动句条件中，被试选择以主语作为零形回指先行语的续写句的比例都显著高于实验 1 中零形回指条件下被试选择前一分句的主语作为先行语的比例（74.86%），也高于我们在第二章第二节"二"中介绍的语料库统计所显示的汉语中零形回指先行语由主语承担的比例。

对于实验 2 的数据所反映的主语相对于宾语的异常显著的优势，可以从构式语义的角度进行解释。实验 2 中的"把"字句和"被"字句表达的都是一种高强度的施受关系。"把"字句所表示的构式语义是句子的主语作为行为的施事者和责任人，针对一个选定的目标使它产生位移或状态的变化，通常对应的中心动词是与高施事性相关的行为动词，因此主语同时具有高语法显著度和高语义显著度，在整个句子中被强烈地凸显出来。而"被"字句是一种用"被"字变施事者为状语或者用"被"字表示受事者所受的动作、行为的特殊句式。它的构式语义可以描述为受事者在施事者的行为作用下，发生了某种变化，或产生了某种结果，对应的中心动词也是与高施事性相关的行为动词。认知语言学认为各种状态的改变其实都是空间位移的隐喻的表达方式。"被"字句凸显的认知焦点是物体（"被"前名词）的位移终点或方向，而"被"字句中的受事者作为位移的主体，相对于"被"后的名词也就是施事者具有更强的凸显性。因此"被"字句中的主语虽然在语义上是受事者，不具备语义显著度，却不会影响主语的整体凸显度。而在真实语料和实验 1 中，一些句子中的谓语动词并不表达强烈的施受关系，这些句子不能用"把"字句和"被"字句来表达。如在例 I 中，前一个分句就不能写成："当王强把李明认识的时候"或"当李明被王强认识的时候"。根据实验 4 的结果，动词的施事性越强，其主语的语义显著度就越高，作为零形回指的先行语的倾向性就越强。也就是说，在表达高强度的施受关系的句子中，零形回指先行语为主语的倾向性比在施受关系强度不高的句子中更明显。因此，实验 2 中零形回指先行语为主语的比例高于语料库统计的结果和实验 1 的数据。

虽然本章中所有实验的结果普遍支持实验假设，但是在一些实验中，我们发现了一些不符合我们之前提出的普遍认知规律的异常样本。如在第五章第一节"三"中，我们提出了一个不可及假设，即当先行语到回指语的认知距离大于 2 时，先行语不可及。然而这一假设在我们的实验中无法得到完全的验证。实验 7 的结果显示，虽然被试在零形回指语和先行语的认知距离大于 2 的条件 4 和条件 5 中选择零形回指的比例较之其他条件下明显偏低，但仍然占到了 12.50% 到 16.70%，并没有低到可以完全被忽略的程度。这说明认知距离对于零形回指先行语可及性的限制只是一种普遍性的倾向，而非是绝对化的规则。

对此我们的解释是先行语的"可及性"是一种人们在语言的长期使用过程中对各种语法规则和认知规则进行图式化后在头脑中形成的隐性机制。所谓图式（schema）是指围绕某一个主题组织起来的知识的表征和贮存方式。这一概念最初是由康德提出的，康德（1957）的先验图式说（Prior Schematismus）把图式看作一种先验的范畴，认为个体所以能对各种刺激作出这样那样的反应，是由于个体具有能够同化这些刺激的某种图式。皮格特［Piaget（1984）］通过实验研究赋予图式概念新的含义，把图式看作包括动作结构和运算结构在内的从经验到概念的中介，是通过对具体的实例的经验在大脑中建立起来的，是主体内部的一种动态的、可变的认知结构。

在我们的实验中，根据距离规则假设对于零形回指来说不可及的先行语在很多时候是可以根据语义信息和回指语建立概念关联性的。使用者会不会采用零形回指的形式和先行语进行照应，取决于使用者对于"可及性"的认知图式的"经验"。"经验"越丰富，则越容易转化成概念图式，按照"可及性"认知图式进行语篇的照应；"经验"不够时，则会出现违反"可及性"认知图式的语篇照应方式。在这个实验中，除了因为被试的个人因素出现问卷回答的失误的情况外，违反了我们的距离假设的情况应该主要是由于对可及性认知图式的"经验"程度不够造成的。

此外，在第五章第二节"二"中，我们提出：在主题链型复句中，零形回指的先行语通常为前一分句的主语；而在信息链型复句中，零形回指的先行语通常为前一分句的宾语。实验4的结果显示，虽然大部分样本符合这一规律，但是在具有主题链复句结构标记的句子中，有9.0%的句子中先行语为前一分句的宾语而非主语；在具有信息链型复句结构标记的句子中，有10.10%的句子中先行语为主语而非宾语。

通过对被试的续写句的观察，我们发现在绝大部分句子中，复句语义关系类型可以根据主题链型复句和信息链型复句的形式标记进行清晰地判定。但是也有一类句子，既具有主题链型复句的形式标记，也具有信息链型复句的形式标记，如以下被试给出的续写句所示：

　　a. 我有一台电脑，<u>Ø 有很大的内存</u>。

句a既具有主题链型复句"句法平行"的形式标记，也具有信息链型复句核心成分信息显著以及外围成分为静态情状的形式标记。根据我们在第五章第二节"二"中的讨论，主题链型复句对形式标记的要求较为宽泛，而信息链型复句对形式标记的要求较为严格。因此我们把句a的形式标记判定为主题链型复句。而实际上，从语义上看，这个句子应该是一个信息链型复句，零形回指的先行语为前一分句的宾语。

类似这样既具有主题链型复句结构标记又具有信息链型复句结构标记，而被划入主题链型复句类型的句子可能是具有主题链复句结构标记的句子中先行语为宾语的异常样本出现的一个主要原因。

同时，还有一些如下所示的续写句：

　　b. 李明画了一幅画，<u>Ø$_1$送Ø$_2$给那个同学了</u>。

在句b中，核心成分具有信息显著标记，外围成分为完成时态，是静态情状标记。因此句b具有较为典型的信息链型复句结构的形式标记。然而在这个外围成分中，其实有两个零形回指语，一个是"送"的主语Ø$_1$，一个是"送"的宾语Ø$_2$。Ø$_1$的先行语为前一分句的主语，而Ø$_2$的先行语为前一分句的宾语。而我们在统计的时候主要考虑的是主语位置的零形回指，所以将其先行语统计为前一分句的主语。这可能是具有信息链复句结构标记的句子中先行语为主语的异常样本出现的原因之一。

第九节　本章小结

本章通过七个认知实验和八项数据分析对之前两章提出的汉语零形回指认知的凸显因素和结构因素进行了验证。实验的范式包括歧义句先行语判断、句子续写和续写方式选择。实验内容包括先行语位置策略实验、主语显著的共性实验、名词生命度实验、动词语义和复句语义关系实验、名词有定性实验、数量信息实验和距离因素实验七项。实验结果普遍支持实验假设。

除此之外，本章还在实验数据的基础上对语法显著和语义显著以及信息显著之间的交互作用和构式语义对实验结果的影响进行了讨论，并尝试对一些不符合普遍规律的异常样本的出现进行了解释。

第七章

汉语零形回指的生成与解析机制

通过一系列的认知实验，我们对影响汉语零形回指认知的先行语凸显因素和结构因素进行了考察。实验结果支持我们所提出的语法显著、语义显著、信息显著、距离和复句语义关系的认知原则。我们把这些认知原则分别称为语法显著原则、语义显著原则、信息显著原则、距离原则和复句语义关系原则，分别总结如下。

语法显著原则：实体的语法显著度主要取决于论元在句子中的语法角色。主语显著是主动句和被动句的一个共性。汉语研究中常见的"主题"概念可以被归到主语领属语和前置宾语这两种语法成分中，因此语法显著度的层级序列又可以表述为："｛主语，主语领属语｝＞前置宾语＞宾语＞旁语"。

语义显著原则：实体的语义显著度取决于名词的生命度和动词的施事性两方面。名词生命度的基本层级序列为："人＞动物＞无生命物"。动词施事性的层级序列为："行为动词＞｛心理动词，结果动词｝＞关联动词"。动词的施事性越强，动词对应的主语的语义显著度就越高，宾语的语义显著度就越低（主动句中）。

信息显著原则：信息显著的实体通常位于句子的宾语位置上，但是并非所有宾语位置上的实体都可以在序列中凸显出来。实体信息显著度层级序列为："a. 无定名词短语＞有定名词短语；b. '一＋量词'修饰的无定名词短语＞其他数量词修饰的无定名词短语"。一些动词本身也可以具有传递新信息的语义功能，如关联动词、心理动词、结果动词。这些动词的宾语经常由无定名词充当，但也可以由有定名词充当，同样也具备信息显著性。

距离原则：零形回指先行语的可及性首先取决于先行语和回指语之间的认知距离；在认知距离相同的情况下，先行语的可及性接着取决于和回指语之间的线性距离；当先行语到回指语作为认知参照点所对应的目标的认知路径中途经的领地数大于 2 时，先行语不可及。各语法成分作为零形回指先行语的倾向性大小可以用"内嵌小句主语 > 主句主语 > 内嵌小句宾语"的序列来表示。

复句语义关系原则：在主题链型复句中，零形回指的先行语通常为语法显著的实体；而在信息链型复句中，零形回指的先行语通常为信息显著的实体。主题链型复句主要的形式标记包括：①表示并列、连贯、递进、选择关系的关联词；②句法平行。信息链型复句主要的形式标记包括：①核心成分中的信息显著标记；②外围成分中的静态情状标记。

然而仅仅考察这些原则本身并不能够完全揭示汉语零形回指的认知机制，因为汉语零形回指的认知是一个多因素交织的动态过程，要揭示这一动态过程的认知机制，就需要对这些因素在整个认知过程中是如何分工以及如何进行有机结合进行动态化的描述。此外，"认知"只是一种概括性的说法，事实上汉语零形回指的认知包括生成和解析两种不同的认知过程。虽然认知实验显示这两种不同的认知过程都受到我们提出的各种认知因素的影响，但是在这两个过程中，各种认知因素之间的动态结合方式是有所不同的。因此在这一章中，我们将以汉语零形回指的各项认知原则为基础，对汉语零形回指的生成和解析机制进行动态化的流程描述。

第一节　汉语零形回指的生成机制

汉语零形回指的生成机制可以用以下动态流程图来表示（见图 7 - 1）。

说话人在完成一个语段之后，展开下一语段之前，首先在头脑中已经从当前语段中选择了一个先行语，这个先行语就是说话人想要在下一个语段中展开的话题。然后将通过一系列的核查机制来确定应该采用何种回指形式（零形回指/代词或名词回指）来进行两个语段间的照应以及选择怎样的复句语义关系来进行衔接。

在第一个凸显原则的核查中，如经核查该先行语不凸显，则将采用代词或名词回指等形式来进行照应；如经核查该先行语凸显，则进入下一个核查机制：距离原则核查。判断先行语是否凸显的方法是依据语法显著原则、语义显著原则和信息显著原则找出先行语所在的语段中分别具有最高

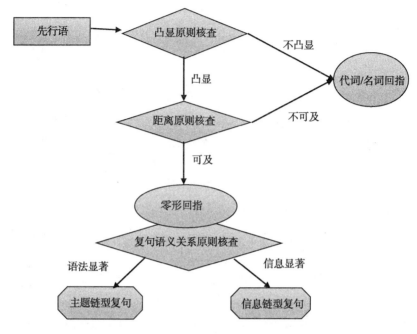

图7-1 汉语零形回指生成机制的动态流程

语法显著度、语义显著度和信息显著度的实体，看先行语是否在这个集合中。只要先行语在语法显著度、语义显著度和信息显著度这三个层面中的任意一个层面上具有比其他所有实体更高的显著度，就可以认为先行语具有认知凸显度。而如果在任何层面上先行语都没有比其他所有实体具有更高的显著度，则认为先行语不凸显。

在距离原则的核查中，判断先行语是否对于零形回指来说可及的方法是计算先行语到回指语作为认知参照点所对应的目标之间的认知路径中途经的领地数，当领地数大于2时，先行语不可及。如经核查该先行语在认知距离上对于零形回指语来说不可及，则将采用代词回指或名词回指等形式来进行照应；如经核查该先行语在认知距离上对于零形回指语来说是可及的，则采用零形回指的形式来进行照应。

在确定了将采用零形回指的形式来进行照应后，还需要通过复句语义关系原则的核查来确定零形回指语所在的语段和先行语所在的语段之间应该以怎样的复句语义关系进行衔接。当先行语为前一分句的主语时，将采用主题链型复句结构来进行衔接；而当先行语是前一分句的宾语时，将采用信息链型复句结构来进行衔接，分别对应于相应的形式标记。

第二节　汉语零形回指的解析机制

汉语零形回指的解析机制可以用以下动态流程图来表示（见图 7 - 2）。

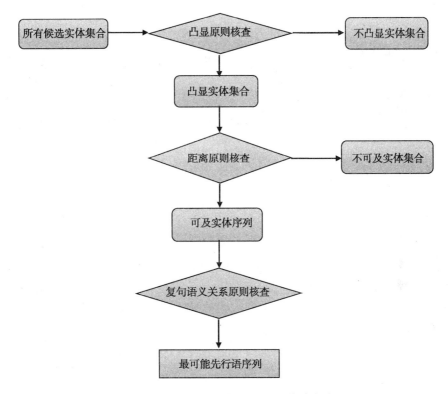

图 7 - 2　汉语零形回指解析机制的动态流程

说话人进行零形回指的解析，也就是先行语的确认之前，首先要确定一个所有候选实体的集合，这个集合由先行语所在的语段的所有实体构成。然后将通过一系列的核查机制来对这个集合中的实体进行筛选，最后确定出一个最可能的先行语。

在第一个凸显原则的核查中，将依据语法显著原则、语义显著原则和信息显著原则对集合中的实体进行考察，确定在语法显著、语义显著和信息显著这三个层面上分别具有最高显著性的实体。筛选出来的在至少一个层面上具有最高显著度的实体进入凸显实体集合，而其余的实体则进入不凸显实体集合，排除其作为先行语的可能。凸显实体集合应包括至少一个实体，最少的情况下只有在语法显著的层面有一个实体凸显出来，而在语义显著和信息显著层面无实体具有明显的凸显度；最多的情况下在语法显著、语义显著和信息显著这三个层面上都有实体凸显出来，而且每个层面上还可以凸显出不止一个实体，如在包含内嵌小句结构中，而在每一层参照点/领地格局中，还有可能有不止一个语法显著的实体，包括主语和主语领属语。

　　凸显实体集合中的实体接下来将接受距离原则的核查，确定实体相对于零形回指的可及性高低。在距离原则的核查中，判断实体的可及性程度的方法是计算该实体作为先行语时到回指语之间的认知距离，也就是认知路径中途经的认知领地数，当该领地数大于 2 时，实体不可及，进入不可及实体集合，排除其作为先行语的可能性。对于余下的实体，则按照可及性程度进行排序。实体作为先行语时和回指语间的认知距离越小，可及性越高；当认知距离相同时，则计算实体作为先行语时和回指语之间的线性距离，两者之间的间隔名词数量越少，先行语相对于回指语的可及性越高。

　　所形成的可及实体序列接着将接受复句语义关系原则的核查，根据主题链型复句结构和信息链型复句结构的形式化标记来判断零形回指语所在的语段和先行语所在的语段之间的语义关系类型。如判断出是信息链型复句，则在可及实体序列中找出承担宾语的语法角色的实体，并选择其中可及性最高的那个实体作为最可能先行语。如判断出是主题链型复句，则在可及实体序列中找出承担主语的语法角色的实体，并选择其中可及性最高的那个实体作为最可能先行语。如果经过多层核查机制筛选后剩下来的可能先行语为某主语位置的实体和其领属语，而这两个实体在语法显著度、语义显著度度和包含内嵌小句结构中的可及性上都完全一样，则按照"主语＞主语领属语"的显著度层级进行排序，选择显著度更高的那一个作为零形回指先行语。最后，筛选出的最可能先行语还将根据向心理论中提出的共指抵触限制、谓语选择限制、词汇语义限制等机制进行筛选。如未能通过筛选，则返回可及实体序列重新进行解析。

　　在目前汉语零形回指的解析研究中，采用最多的是基于向心理论的解析方案。与基于向心理论的解析方案一样，本书提出的这个解析机制也无法实现对零形回指的 100% 解析，而需要借助共指抵触限制、谓语选择限制、词汇语义限制等机制进行筛选，然而相比较基于向心理论的零形回指解析机制，本书提出的这一基于先行语凸显因素和结构因素的汉语零形回指认知机制还是具有更高的解析力，主要体现在：

1. 对"主题"的概念进行了语法化还原，避免了"主题"概念带来的模糊性和不确定性，有利于研究的精确性。

2. 通过信息显著、信息链型复句结构等的形式化描述对宾语作为零形回指先行语的情况具有更高的解析力。

3. 通过对距离因素的研究，解决了基于向心理论的零形回指解析机制中无法解决包含内嵌小句结构中的 C_f 排序的问题。

第三节　本章小结

在本章中，我们首先总结了本书中所提出的语法显著、语义显著、信息显著、距离和复句语义关系的认知原则，然后以这些认知原则为基础，对汉语零形回指的认知机制分为生成和解析两个过程进行了动态化的流程描述。其中在对解析机制的讨论中，还与基于向心理论的零形回指解析方案进行了比较。

第八章

结　语

在本书的研究中，我们借鉴多种西方语言学理论，结合汉语语法和语义学的研究文献，将它们进行有机的结合，采取理论研究、语料分析、认知实验相结合的研究思路，对汉语零形回指的认知机制展开了一个全面系统的研究。在此基础上，我们还对汉语零形回指的认知机制从生成和解析两个方面进行了动态化的流程描述。在结语部分，我们将对本书的主要创新点和不足之处进行总结，并提出对后续研究的设想。

第一节　主要特点

本书的主要创新点如下：

1. 不同于以往相关研究中采用单一语言学理论进行研究的方法，本书综合了可及性理论、向心理论、认知参照点理论、语篇表征理论/文本更新理论等多个西方语言学理论对于回指现象的解析和研究思路，取长补短，结合格语法理论、信息结构理论、修辞结构理论、工作记忆和认知负荷理论等其他相关语言学和心理学理论的思想以及汉语学界的相关研究成果，从语法、语义、语用等多个层面对汉语零形回指现象的认知机制进行了理论化和系统化的解析。

2. 不同于以往相关研究中采用"连续性""话题性"等抽象笼统的概念来解释汉语零形回指的认知机制，本书提出了语法显著、语义显著、信息显著、距离、复句语义关系等更为具体清晰的认知因素，从心理学的角度对这些认知因素背后的心理动因进行了分析，并对这些认知因素采用凸显度和可及性层级序列、复句语义关系形式标记等方式进行了形式化描述。其中动词施事性层级及其对于先行语语义显著的影响，名词信息显著度层级、动词语义对于信息显著的影响，包含内嵌小句结构中的认知距离因素以及复句语义关系类型的形式标记和零形回指照应模式之间的对应关系等为本书原创性的研究成果。而"内嵌小句主语 > 主句主语 > 内嵌小句宾语"的可及性序列，可以视为是对前人研究结论的修正。

3. 不同于以往研究中采取的语料库实验的方法，本书采取了认知实验的方法对汉语零形回指的认知机制展开了研究，并辅以小规模的语料库统计研究。认知实验的结果不仅可以和语料库实验的结果进行对比验证，还可以对一些语料库实验中所未能涉及的认知因素进行有针对性的研究，拓展了实证研究的深度和广度。

4. 相比较目前开展研究比较多的基于向心理论的零形回指解析机制，本书提出的基于先行语凸显因素和结构因素的汉语零形回指的解析机制具有更高的解析力，并且还在语法显著原则、语义显著原则、信息显著原则、距离原则和复句语义关系原则的基础上提出了一个汉语零形回指的生成机制。通过对解析机制和生成机制的动态化流程描述，可以把汉语零形回指的认知机制更加全面和直观地揭示出来。

第二节 不足之处

本书研究的不足之处主要有以下两点：

1. 对汉语零形回指认知机制中的语义显著因素和复句语义关系因素挖掘不够充分，还需要更多的实证研究的支持，以获得更多、更细化的形式化规律。如动词施事性的层级序列是否还可以进一步进行细化？除了"把"字句之外，其他汉语构式所涉及的零形回指模式是否也可以用语义显著因素进行解析？主题链型复句和信息链型复句是否还有更多的形式化标记？这些形式化标记之间有无交互作用？这些在本书中都未能涉及，还有待更进一步的研究。

2. 所有认知实验采取的都是离线实验的范式，以纸笔问卷的方式开展。离线实验的优点在于操作的便捷性，对于实验设备和实验环境的要求较低，缺点在于生态效度和精确度较低。在纸笔问卷中，被试可以在时间不受限的情况下反复阅读实验材料，对于不同的刺激信息，被试可能会作出同样的反应，但是耗费的时间却有明显的差异。这种时间上的差异也是反映被试认知过程的一个重要数据，但是离线实验的结果无法采集这种即时性的时间数据。因此，通过离线纸笔实验范式提取的实验数据对被试认知心理的揭示存在一定的局限性。

第三节　研究展望

在本课题的研究基础上，在未来可以在以下方面进行更深入的研究：

1. 对汉语零形回指认知机制中的语义显著因素和复句语义关系因素进行更深入的挖掘，对除了"把"字句之外的其他特殊汉语构式中的零形回指照应模式进行考察。

2. 采取自定速阅读（self-paced reading）和自定速完成任务（self-paced task）等在线实验的范式对本书中所提出的影响汉语零形回指的认知因素进行更精确的验证。在在线实验中，自定速阅读的测试方法是最便捷的一个，不需要特别的实验设备和实验环境，只需在电脑上安装相关软件即可进行。因此，对于缺乏专业化设备而又希望获得更为精确的即时数据的研究者来说，自定速阅读是一个最实用的在线实验方法。以"实验1：先行语位置策略实验"为例，根据语法显著度原则，主语比宾语的语法显著度更高，当被试选择主语作为零形回指先行语时比选择宾语作为零形回指先行语时承受的认知负荷更小，因此所耗费的时间也更短。通过采用自定速完成任务的范式，可以采集到零形回指条件下被试选择主语作为先行语和宾语作为先行语分别所耗费的时间，从而进一步地验证我们提出的语法显著原则。类似的方法还可以应用在主动句与被动句实验和数量信息的实指性实验中。而对于无定名词和有定名词的对比实验以及包含内嵌小句结构中的距离实验来说，当先行语具有低信息显著度和低可及性时，根据工作记忆和认知负荷理论，采用零形回指的照应方式将比采用名词或代词回指的照应方式给被试带来更多的认知负荷，因此将会耗费更多的时间；而当先行语具有高信息显著度和可及性时，采用代词或名词回指的照应方式将比采用零形回指的照应方式给被试带来更多的认知负荷，因此将会耗费更多的时间。因此可以通过采用自定速阅读的方式，对被试阅读零形回指续写句和代词或名词回指续写句耗费的时间进行测量来考察先行语的信息显著度和可及性，以验证我们提出的信息显著原则和距离原则。

3. 对本书中提出的汉语零形回指的解析机制进行语料库实验，以验证其在真实语料中的精确性。然而由于本书中所提出的一些认知原则所针对的是汉语中一些并不算特别常见的零形回指照应模式，如零形回指的先行语为句子的宾语，包含内嵌小句结构中的零形回指等，因此很难以传统的语料搜集的方式找到足够规模的关于这些零形回指照应模式的语料资源。随着越来越多的类似北京大学 CCL 语料库和北京语言大学 BCC 语料库的汉语在线语料库的建立和扩充，未来将有希望通过关键词检索的方式来更加高效而有针对性地收集所需的语料资源。事实上，在本书中，已经初步尝试从北京语言大学 BCC 语料库中采集了一些语料样本，并进行了小规模的语料库统计。

参考文献

Almor, A. , "Noun – phrase anaphora and focus: The informational load hypothesis", *Psychological Review*, 1999, 106: 748 – 765.

Asher, N. , *Reference to Abstract Objects in Discourse*, Dordrecht: Kluwer Academic Publishers, 1993.

Ariel, M. , "Referring and Accessibility", *Journal of Linguistics*, 1988, 24 (1): 65 – 87.

Ariel, M. , *Accessing Noun Phrase Antecedents*, London: Routledge, 1990.

Arnold, J. E. , "Reference Form and Discourse Patterns", Ph. D. Dissertation of Stanford University, 1998.

Baddeley, A. & Hitch, G. J. , "Working Memory", In: Bower. G. (ed.), *The Psychology of Learning and Motivation*, New York: Academic Press, 1974: 47 – 89.

Borer, H. , "Empty Subjects in Modern Hebrew and Constraints on Thematic Relations", *Cahiers Linguistiques Dottawa Ottawa*, 1980, 9: 25 – 37.

Butt, M. , "Case, Agreement, Pronoun Incorporation and Pro – Drop in South Asian Languages", handout for talk presented at the workshop on The Role of Agreement in Argument Structure, Utrecht Institute of Linguistics OTS, August 31 – September 1, 2001.

Brennan, S. E. & Friedman M. W. & Pollard C. J. , "A Centering Approach to Pronouns", *Proceedings of the 25th Annual Meeting of the Association for Computational Linguistics*, 1987: 155 – 162.

Bresnan, J. , "Locative Inversion and the Architecture of Universal Grammar", *Language*, 1994, 70: 72 – 131.

Carminati, M. N. , " The Processing of Italian Subject Pronouns ",

Ph. D. Dissertation of University of Massachusetts Amherst, 2002.

Carroll, D. W. , *Psychology of Language*, Beijing: Foreign Language Teaching and Research Press, 2000.

Chafe, W. L. , "Givenness, Contrastiveness, Definiteness, Subjects, Topics and Point of View", In Li, C. (ed.), *Subject and Topic*, New York: Academic Press, 1976: 25 – 55.

Chambers, C. G. & Smyth, R. , "Structural Parallelism and Discourse Coherence: a Test of Centering Theory", *Journal of Memory and Language*, 1998, 39: 593 – 608.

Chen J. (陈静) & Huang H. X. & Wu Y. C. , "Topic Expression, Information Saliency and Anaphora Resolution", *Journal of Pragmatics*, 2009, 41: 1703 – 1706.

Chen, P. (陈平), *A Discourse Analysis of Third Person Zero Anaphora in Chinese*, Bloomington, Indiana University Linguistics Club, 1984.

Chen, P. (陈平), "Referent Introducing and Tracking in Chinese Narratives", Ph. D. Dissertaion of University of California at Los Angeles, 1986.

Chen, P. (陈平), "Indefinite Determiner Introducing Definite Referent: a Special Use of ' yi "one" + classifier' in Chinese", *Lingua*, 2003, 113 (12): 1169 – 1184.

Chiriacescu, S. & Heusinger, K. V. , "Discourse Prominence and Pe – marking in Romanian", *International Review of Pragmatics*, 2010, 2 (2): 298 – 332.

Chomsky, N. , *Lectures on Government and Binding*, Dordrecht: Foris Publications, 1981.

Chomsky, N. , "A Minimalist Program for Linguistic Theory", In: Hale, K. & Keyser, S. J. (eds.), *The View from Building* 20: *Essays in Linguistics in Honor of Sylvain Bromberger*, Cambridge, MA: MIT Press, 1993: 1 – 52.

Cooper, G. , "Cognitive Load Theory as an Aid for Instructional Design", *Australian Journal of Educational Technology*, 1990, 6 (2): 108 – 113.

Croft, W. , *Typology and Universals*, Cambridge: Cambridge University Press, 1990.

Deichsel, A. & Heusinger, K. V. , "The Cataphoric Potential of Indefinites in German", *Lecture Notes in Computer Science*, 2011: 144 – 156.

Dowty, D. , "Thematic Proto – roles and Argument Selection", *Language*, 1991, 67: 547 –619.

Filiaci, F. , "Anaphoric Preferences of Null and Overt Subjects in Italian and Spanish: a Cross – linguistic Comparison", Ph. D. Dissertation of University of Edinburgh, 2011.

Fillmore, C. , "The Case for Case", In Bach, E. W. , Harms, R. T. , Fillmore, C. J. , et al. (eds.), *Universals In Linguistic Theory*, NewYork: Holt, Rinehart and Winston, 1968: 1 –88.

Firbas J. , " On Defining the Theme in Functional Sentence Analysis ", *Travaux Linguistiques de Prague*, 1964, 1: 267 – 280.

Firbas, J. , "Functional Sentence Perspective in Written and Spoken Communication", *Studies in English Language*, Cambridge: Cambridge University Press, 1992.

Fox, B. , *Discourse Structure and Anaphora: Written and Conversational English*, Cambridge: Cambridge University Press, 1987.

Fukumura, K. & Gompel, R. P. G. V. , " The Effect of Animacy on the Choice of Referring Expression", *Language and Cognitive Processes*, 2011, 26 (10): 1472 –1504.

Gernsbacher, M. A. & Hargreaves, D. , " Accessing Sentence Participants: The Advantage of First Mention", *Journal of Memory and Language*, 1988, 27: 699 –717.

Gernsbacher, M. A. , " Mechanisms that Improve Referential Access ", *Cognition*, 1989, 32 (2): 99 –156.

Gilligan, G. , "A Cross – linguistic Approach to the Pro – drop Parameter", Ph. D. Dissertation of University of Southern California, 1987.

Givón, T. , "On the Development of the Numeral 'one' as an Indefinite Marker", *Folia linguistica historica*, 1981, 2: 35 –53.

Givón, T. , "Topic Continuity in Spoken English", In Givón T. (ed.), *Topic Continuity in Discourse*, Amsterdam: John Benjamins, 1983.

Givón, T. , *Syntax: A Functional – Typological Introduction: Vol.* 1, Amsterdam: John Benjamins, 1984.

Goldberg, A. E., *Constructions: a Construction Grammar Approach to Argument Structure*, Chicago: Chicago University Press, 1995.

Griffin, W. E., "The Typology of Expletive THERE", *unpublished manuscript*, University of Texas at Austin, 2001.

Grimshaw, J., *Argument Structure*, Cambridge MA: MIT Press, 1990.

Grosz, B. J. & Joshi A. K. & Weinstein S., "Centering: A Framework for Modeling the Local Coherence Of Discourse", *Computational Linguistics*, 1995, 21 (2): 202 – 225.

Gundel, J. K. & Hedberg, N. & Zacharski, R., "Cognitive Status and the Form of Referring Expressions in Discourse", *Language*, 1993, 69 (2): 274 – 307.

Halliday, M. A. K. & Hasan, R., *Cohesion in English*, London: Longman, 1976.

Halliday, M. A. K., *An Introduction to Functional Grammar*, London: Edward Arnold, 1994.

Haspelmath, M. & Dryer M. S. & Gil, D. & Comrie, B., *World Atlas of Language Structures*, Oxford: Oxford University Press, 2005.

Heim, I., "File Change Semantics and the Familiarity Theory of Definiteness", In Bäuerle, R., Schwarze, C. & Stechow, A. V. (eds.), *Meaning, Use and Interpretation of Language*, Berlin: De Gruyter, 1983: 164 – 189.

Heine, B., *Cognitive Foundations of Grammar*, Oxford: Oxford University Press, 1997.

Hermon, G. & Yoon, J., "The Licensing and Identification of Pro and the Typology of AGR", *Chicago Linguistic Society*, 1989, 25 (1): 174 – 192.

Heusinger, K. V., "The Reference of Indefinites", In Heusinger, K. V. & Egli, U. (eds.), *Reference and Anaphoric Relations* (Vol. 72 of the series *Studies in Linguistics & Philosophy*), 2000: 247 – 265.

Heusinger, K. V., "Referentially Anchored Indefinites", In Comorovski, I. & Heusinger, K. V. (eds.), *Existence: Semantics and Syntax* (Vol. 84 of the series *Studies in Linguistics & Philosophy*), 2008: 273 – 292.

Hobbs, J., "Resolving Pronoun References", *Lingua*, 1978, 44:

311 – 338.

Hoek, K. V. , "Conceptual Reference Points: A Cognitive Grammar Account of Pronominal Anaphora Constraints", *Language*, 1995, 71: 310 – 337.

Hoek, K. V. , *Anaphora and Conceptual Structure*, Chicago: the University of Chicago Press, 1997.

Holmberg, A. & Nikanne U. , "Expletives and Subject Positions in Finnish", *Proceedings of the North East Linguistic Society* 24, 1994: 173 – 187.

Holmberg, A. , "Is there a little pro? Evidence from Finnish", *Linguistic Inquiry*, 2005, 36 (4): 533 – 564.

Holmberg, A. , "Null Subject Parameters", In Biberauer, T. , Holmberg, A, Roberts, I. , & Sheehan, M. (eds.), *Parametric Variation: Null Subjects in Minimalist Theory*, Cambridge: Cambridge University Press, 2010: 88 – 124.

Holmberg, A. & Sheehan, M. "Control into Finite Clauses in Partial Null – subject: anguages", In Biberauer, T. , Holmberg, A, Roberts, I. , & Sheehan, M. (eds.), *Parametric Variation: Null Subjects in Minimalist Theory*, Cambridge: Cambridge University Press, 2010: 125 – 152.

Hopper, P. J. & Thompson, S. A. , "Transitivity in Grammar and Discourse", *Language*, 1980, 56 (2): 251 – 299.

Hu, Q. , "A Corpus – based Study on Zero Anaphora Resolution in Chinese Discourse", Ph. D. Dissertation of City University of Hong Kong, 2008.

Huang, C. T. J. (黄正德), "On the Distribution and Reference of Empty Pronouns", *Linguistic Inquiry*, 1984, 15 (4): 531 – 574.

Huang, Y. (黄衍), *Anaphora: a Cross – Linguistic Study*, Oxford: Oxford University Press, 2000.

Huang, Y. (黄衍), *The Syntax and Pràgmatics of Anaphora: a Study with Special Reference to Chinese*, Cambridge: Cambridge University Press, 1994.

Jackendoff, R. , *Semantic Interpretation in Generative Grammar*, Cambridge MA: MIT Press, 1972.

Jaeggli, O. & Safir, K. J. , "The Subject Parameter and Parametric Theory", In Jaeggli, O. & Safir, K. J. (eds.), *The Null Subject Parameter* (Vol. 15 of the series *Studies in Natural Language and Linguistic Theory*), 1989: 1 – 44.

Johnson – Laird, P. N., "The Choice of the Passive Voice in a Communicative Task", *British Journal of Psychology*, 1968, 59 (1): 7 – 15.

Junghare, I. Y., "Topic Prominent in Indo – Aryan and Dravidian", *International Journal of Dravidian Linguistics*, 1985, 14: 181 – 198.

Junghare, I. Y., "Discourse Considerations for Marathi and Hindi Syntax", *Indian Linguistics*, 1990, 49: 66 – 80.

Kallulli, D., "The Comparative Syntax of Albanian: on the Contribution of Syntactic Types to Propositional Interpretation", Ph. D. Dissertation of Durham University, 1999.

Kameyama, M., "Intrasentential Centering: a Case Study", In Walker, M., Joshi, A. K. & Prince, E. F. (eds.), *Centering Theory in Discourse*, Oxford: Clarendon Press, 1998.

Kamp, H. & Reyle, U., *From Discourse to Logic: Introduction to Model Theoretic Semantics of Natural Language, Formal Logic and Discourse Representation Theory*, Dordrecht: Kluwer Academic Publishers, 1993.

Kamp, H. & Rossdeutscher, A., "Remarks on Lexical Structure and DRS Construction", *Theoretical Linguistics*, 1994, 20: 97 – 164.

Keenan, E. & Comrie, B., "Noun Phrase Accessibility and Universal Grammar", *Linguistic Inquiry*, 1977 (8): 63 – 99.

Kenstowicz, M., "The Null Subject Parameter in Modern Arabic Dialects", In Jaeggli, O. & Safir, K. (eds.), *The Null Subject Parameter* (Vol. 15 of the series *Studies in Natural Language and Linguistic Theory*), Dordrecht: Kluwer Academic Publishers: 1989: 263 – 275.

Kibrik, A. A., "Zero Anaphora vs. Zero Person Marking in Slavic: A Chicken/Egg Dilemma?", *Proceedings of the 5th Discourse Anaphora and Anaphor Resolution Colloquium*, 2004: 87 – 90.

Kweon, S., "Processing Null and Overt Pronoun Subject in Ambiguous Sentences in Korean", *International Journal of Linguistics*, 2011, 3 (1): 1 – 12.

Langacker, R. W. , *Foundations of Cognitive Grammar Vol.* Ⅱ : *Descriptive Application*, Stanford: Stanford University Press, 1991.

Langacker, R. W. , *Grammar and Conceptualization*, Berlin & New York: Mouton de Gruyter, 1999.

Langacker, R. W. , *Cognitive Grammar: A Basic Introduction*, Oxford: Oxford University Press, 2008.

Larson, R. , "On the Double Object Construction", *Linguistic Inquiry*, 1988, 19: 335 – 392.

Lee, C – L. , *Zero Anaphora in Chinese*, Taipei: Crane Publishing Company, 2002.

Li, C. N. & Thompson, S. A. , "Third – person Pronouns and Zero – anaphora in Chinese Discourse", In Givón, T. (ed.), *Syntax and Semantics: Discourse and syntax Vol.* 12, New York: Academic Press. 1979: 311 – 335.

Li, C. N. & Thompson, S. A. , *Mandarin Chinese: Functional Reference Grammar*, Berkeley: University of California Press, 1981.

Li, C. (李 樱), " Participant Anaphora in Mandarin Chinese ", Ph. D. Dissertation of University of Florida, 1985.

Li, W. , "The Pragmatic Function of Numeral – classifiers in Mandarin Chinese", *Journal of Pragmatics*, 2000, 32 (8): 1113 – 1133.

Li, W. , "The Discourse Perspective in Teaching Chinese Grammar", *Journal of the Chinese Language Teachers Association*, 2004, 39 (1): 25 – 44.

Mann, W. C. & Thompson, S. A. , " Rhetorical Structure Theory: A Framework for the Analysis of Texts", *IPRA Papers in Pragmatics*, 1987, 1: 1 – 21.

Mao, M. , "Zero Anaphora in Zuo Zhuan discourse", Ph. D. Dissertation of University of Minnesota, 2003.

Mathesius, V. , *Functional Sentence Perspective*, Prague: Academia Press, 1939.

Mohanan, K. P. , "Functional and Anaphoric Control", *Linguistic Inquiry*, 1983, 14: 641 – 674.

Neeleman, A. & Szendroi, K. , " Case Morphology and Radical Pro –

drop", In Biberauer, T. (Ed.), *The Limits of Syntactic Variation*, Amsterdam: John Benjamins, 2008: 331 – 348.

Penhallurick, J., "Full – verb Inversion in English", *Australian Journal of Linguistics*, 1984, 4 (1): 33 – 56.

Perlmutter, D., *Deep and Surface Structure Constraints in Syntax*, Concord CA: Holt, Rinehard and Winston, 1971.

Prat – Sala, M. & Branigan, H., "Discourse Constraints on Syntactic Processing in Language Production: a Cross – linguistic Study in English and Spanish", *Journal of Memory and Language*, 1999, 42: 168 – 182.

Prince, E. F., "Toward a Taxonomy of Given – new Information", In: Cole, P. (ed.), *Radical Pragmatics*, New York: Academic Press, 1981: 223 – 255.

Pu, M – M, "Zero Anaphora and Grammatical Relations in Mandarin", In T. Givón (ed.), *Grammatical Relations: A Functionalist Perspective* (Vol. 35 of the series *Typological Studies of Languages*), Amsterdam: John Benjamins, 1997: 281 – 321.

Radden, G. & Kovecses. Z., "Towards a Theory of Metonymy", In Panther, K – U & Radden, G. (eds.), *Metonymy in Language and Thought*, Amsterdam: John Benjamins, 1999: 17 – 59.

Ralph, L. R., "The Relative Contribution of Syntactic and Semantic Prominence to the Salience of Discourse Entities", Ph. D. Dissertation of Northwestern University, 2005.

Rizzi, L., *Issues in Italian Syntax*, Dordrecht: Foris Publications, 1982.

Rizzi, L., "On the Status of Subjects Clitics in Romance", In Jaeggli, O. & C. Silva – Corvalán C. (eds.), *Studies in Romance Linguistics*, Dordrecht: Foris Publications, 1986. (1986a).

Rizzi, L. "Null Objects in Italian and the Theory of Pro", *Linguistic Inquiry*, 1986, 17 (3): 501 – 557. (1986b).

Rosch, E., "Cognitive Reference Points", *Cognitive Psychology*, 1975, 7 (4): 532 – 547.

Rubin, E., *Visuell Wahrgenommene Figuren*, Copenhagen: Gyldenalske Boghandel, 1921.

Safir, K. , "Missing Subjects in German", In Toman, J. (ed.), *Studies in German grammar*, Dordrech: Foris Publications, 1985: 193 – 230.

Sato, Y. , "Radical Pro Drop and Fusional Pronominal Morphology in Colloquial Singapore English: Reply to Neeleman and Szendroi", *Linguistics Inquiry*, 2010, 42 (2); 356 – 365.

Sedighi, A. , *Agreement Restrictions in Persian*, Leiden: Leiden University Press, 2010.

Shi, D. , "Topic Chain as a Syntactic Category in Chinese", *Journal of Chinese Linguistics*, 1989, 17: 223 – 262.

Smyth, R. , "Grammatical Determinants of Ambiguous Pronoun Resolution", *Journal of Psycholinguistic Research*, 1994, 23: 197 – 229.

Speas, M. , *Phrase Structure in Natural Language*, Dordrecht: Kluwer Academic Publishers, 1990.

Sun, C. (孙朝奋), "The Discourse Function of Numeral Classifiers in Mandarin Chinese", *Journal of Chinese Linguistics*, 1988, 2: 298 – 322.

Svenonius, P. , "Subjects, Expletives, and the EPP", In Svenonius, P. (ed.), *Subjects, Expletives, and the EPP, Oxford*: Oxford University Press, 2002: 3 – 28.

Sweller, J. , "Cognitive Load during Problem Solving: Effects on Learning", *Cognitive Science.* 1988, 12 (2): 257 – 285.

Tao, L. (陶良), "Zero Anaphora in Chinese: Cognitive Strategies in Discourse Processing", Ph. D. Dissertation of University of Colorado, 1993.

Tao, L. (陶良), "Zero Anaphora: Transfer of Reference Tracking Strategies from Chinese to English", *Journal of Psycholinguistic Research*, 2005, 34 (2): 99 – 131.

Taraldsen, K. T. , "On the NIC, Vacuous Application and the That – trace Filter", unpublished manuscript, MIT, 1978.

Tomlin, R. S. , *Coherence and Grounding in Discourse*, Amsterdam: John Benjamins, 1987.

Tomlin, R. S. , "Mapping Conceptual Representations into Linguistic Representations: the Role of Attention in Grammar", In Nuyts, J. & Pederson, E. (eds.), *Language and Conceptualization*, Cambridge: Cambridge University

Press，1997：162 – 189.

Tsao，F – F（曹逢甫），*Sentence and Clause Structure in Chinese：a Functional Perspective*，Taipei：Student Book Co. ，Ltd. ，1990.

Ungerer，F. & Schmid，H. J. ，*An introduction to Cognitive Linguistics*，London/New York：Longman，1996.

Vallduví，E. ，"The Informational Component"，Ph. D. Dissertation of U-niversity of Pennsylvania，1990.

Wu，D. S. & Liang T. ，"Zero Anaphora Resolution by Case – based Rea-soning and Pattern Conceptualization"，*Expert System*，2008，36（4）：7544 – 7551.

Xu，Y. L. ，"Resolving Third Person Anaphora in Chinese Texts：towards a Functional – pragmatic Model"，Ph. D. Dissertation of Hong Kong Polytechnic University，1995.

Yeh，C. L. & Chen，Y. C. ，"Zero Anaphora Resolution in Chinese with Shallow Parsing"，Journal of Chinese Language and Computing，2007，17（1）：41 – 56.

You，Y. L. ，"Interpreting Chinese Zero Anaphors：Determining Scope of Topic Continuity and Re – examining the Recovery Rules"，*Studies in the Lin-guistic Sciences：Illinois Working Papers*，1996，26：371 – 397.

［英］伯纳德·科姆里（Comrie，B. ）：《语言共性和语言类型（第一版)》，沈家煊译，北京：华夏出版社 1989 年版。

［德］康德（Kant，I. ）：《纯粹理性批判》，蓝公武译，三联书店 1957 年版。

［美］韦恩·奥尼尔（O'Neil，W. ）：《英语转换语法》，张韵斐等译，北京师范大学出版社 1981/1988 年版。

［瑞士］皮亚杰（Piaget，J. ）：《结构主义》，倪连生、王琳译，商务印书馆 1984 年版。

曹逢甫：《主题在汉语中的功能研究》，语文出版社 1995 年版。

曹军、周经野、肖赤心：《基于语义结构分析的汉语零代词消解》，《湘潭大学自然科学学报》2001 年第 4 期。

陈平：《汉语零形回指的话语分析》，《中国语文》1987 年第 5 期。

陈平：《论现代汉语时间系统的三元结构》，《中国语文》1988 年第

6 期。

程琪龙：《认知语言学概论：语言的神经认知基础》，外语教学与研究出版社 1999 年版。

段嫚娟、许余龙、付相君：《前瞻中心的排序对回指消解的影响——一项向心理论参数化实证研究》，《外国语》2009 年第 3 期。

范晓、杜高印、陈光磊：《汉语动词概述》，上海教育出版社 1987年版。

高卫东：《语篇回指的功能意义解析（当代语言研究文库）》，上海交通大学出版社 2008 年版。

高原：《照应词的认知分析》，外语教学与研究出版社 2003 年版。

古川裕：《外界事物的"显著性"与句中名词的"有标性"——"出现、存在、消失"与"有界、无界"》，《当代语言学》2001 年第 4 期。

郭继懋：《领主属宾句》，《中国语文》1990 年第 1 期。

侯敏、孙建军：《汉语中的零形回指及其在汉英机器翻译中的处理对策》，《中文信息学报》2005 年第 1 期。

胡裕树、范晓：《动词研究》，河南大学出版社 1995 年版。

黄曾阳：《HNC（概念层次网络）理论——计算机理解自然语言的新思路》，清华大学出版社 1998 年版。

蒋平：《零形回指的句法和语篇特征研究——关于汉语零形回指先行语的识别》，复旦大学博士学位论文，2004 年。（2004a）

蒋平：《零形回指现象考察》，《汉语学习》2004 年第 3 期。（2004b）

蒋平：《影响先行语可及性的因素》，《外国语》2005 年第 5 期。

金立：《面向信息处理的汉语指代分析：SDRT 视角》，《第二届两岸逻辑教学学术会议论文集》2006 年版。

李丛禾：《英汉语会话中第三人称回指现象的认知阐释》，上海外国语大学博士学位论文，2005 年。

李丛禾：《语篇向心理论在回指解析中的运用》，《外国语言文学》2007 年第 1 期。

李丛禾：《认知参照点模型与英汉语后指构式》，《外语教学》2009 年第 5 期。

李勉东：《语义结构中的结果范畴浅论》，《东北师大学报》（哲学社会科学版）1991 年第 3 期。

李艳惠、陆丙甫：《数目短语》，《中国语文》2002 年第 4 期。

李英哲、郑良伟：《实用汉语参考语法》，北京语言学院出版社 1990 年版。

刘安春：《"一个"的用法研究》，中国社会科学院研究生院博士学位论文，2003 年。

刘宓庆：《汉英对比研究与翻译》，江西教育出版社 1991 年版。

吕叔湘：《中国文法要略》，商务印书馆 1982 年版。

吕叔湘等：《现代汉语八百词》，商务印书馆 1984 年版。

吕叔湘：《汉语句法的灵活性》，《中国语文》1986 年第 1 期。

马红妹、齐璇、王挺、陈火旺：《汉英机译系统 ICENT 中主语省略句的处理》，《第一届学生计算语言学研讨会论文集》2002 年版。

马庆株：《自主动词和非自主动词》，《中国语言学报》1988 年第 3 期。

孟艳华：《事件建构与现代汉语结果宾语句研究》，北京语言大学博士学位论文，2009 年。

屈承熹：《汉语认知功能语法》，黑龙江人民出版社 2005 年版。

屈承熹：《汉语篇章语法》，北京语言大学出版社 2006 年版。

任鹰：《"领属"与"存现"：从概念的关联到构式的关联——也从"王冕死了父亲"的生成方式说起》，《世界汉语教学》2009 年第 3 期。

沈家煊：《不对称和标记论》，江西教育出版社 1999 年版。

沈家煊：《句式和配价》，《中国语文》2000 年第 4 期。

宋柔：《汉语叙述文中的小句前部省略现象初析》，《中文信息学报》1992 年第 3 期。

王德亮：《汉语零形回指解析——基于向心理论的研究》，《现代外语》2004 年第 4 期。

王静：《现代汉语静态话题链的句法组织原则》，《语言教学与研究》2004 年第 2 期。

王力：《中国现代语法》，商务印书馆 1985 年版。

王军：《论语言语境对回指的限定作用》，《外语学刊》2005 年第 5 期。

王晓斌、周昌乐：《基于语篇表述理论的汉语人称代词的消解研究》，《厦门大学学报》（自然科学版）2004 年第 1 期。

王义娜：《指称的概念参照视点：认知语篇学的探索》，外文出版社2006年版。

温宾利：《当代句法学导论》，外语教学与研究出版社2002年版。

文卫平：《英汉驴子句研究》，北京语言大学博士学位论文，2006年。

文卫平、方立等：《动态意义理论》，中国社会科学出版社2008年版。

文旭：《左移位句式的认知解释》，《外国语》2005年第2期。

翁依琴、熊学亮：《回指的形式语用学初探》，《外语研究》2005年第2期。

翁依琴：《汉语零形回指的认知研究》，复旦大学博士学位论文，2006年。

吴竞存、梁伯枢：《现代汉语句法结构与分析》，语文出版社1992年版。

熊学亮：《话语连续性的图式分解研究》，《外国语》2001年第3期。

徐赳赳：《现代汉语篇章回指研究》，中国社会科学出版社2003年版。

许宁云：《汉语篇章零形回指的解析与生成——一项基于语料的向心研究》，复旦大学博士学位论文，2006年。

许余龙：《对比语言学》，上海外语教育出版社2001年版。

许余龙：《语篇回指的认知语言学研究与验证》，《外国语》2003年第2期。

许余龙：《篇章回指的功能语用探索：一项基于汉语民间故事和报刊语料的研究》，上海外语教育出版社2004年版。

许余龙：《从回指确认的角度看汉语叙述体篇章中的主题标示》，《当代语言学》2005年第2期。

许余龙：《话题引入与语篇回指——一项基于民间故事语料英汉对比研究》，《外语教学》2007年第6期。

许余龙、孙珊珊、段嫚娟：《名词短语可及性与篇章回指——以汉语主语属格语为例》，《现代外语》2013年第1期。

杨宁：《汉语零形回指消解的心理语言学研究》，广东外语外贸大学博士学位论文，2008年。

殷国光、刘文霞：《〈左传〉篇章零形回指研究——以〈隐公〉为例》，《语文研究》2009 年第 3 期。

殷鸿、许威、赵克、党建：《基于概念模型的省略恢复研究》，《计算机工程》2007 年第 22 期。

于素秋：《汉语句内照应关系解析研究》，李东光译，中央民族大学出版社 2008 年版。

袁毓林：《论元角色的层级关系和语义特征》，《世界汉语教学》2002 年第 3 期。

曾立英：《影响零形回指的结构因素》，《湖北大学学报》2008 年第 3 期。

张伯江：《现代汉语的双及物结构式》，《中国语文》1999 年第 3 期。

张伯江：《论"把"字句的句式语义》，《语言研究》2000 年第 1 期。

张伯江：《施事和受事的语义语用特征及其在句式中的实现》，复旦大学博士学位论文，2007 年。

张瑞朋：《现代汉语书面语中跨标点句句法关系约束条件的研究》，北京语言大学博士学位论文，2007 年。

张旺熹：《汉语句法的认知结构研究》，北京大学出版社 2006 年版。

张旭红：《回指的 DRT 方案的问题及其解决》，上海外国语大学博士学位论文，2012 年。

张豫峰：《现代汉语句子研究》，学林出版社 2006 年版。

朱德熙：《句子和主语：印欧语影响现代书面汉语和汉语句法分析的一个实例》，《朱德熙文集（第三卷）》，商务印书馆 1999 年版。

朱勘宇：《汉语零形回指的句法驱动力》，《汉语学习》2002 年第 4 期。

朱晓亚：《现代汉语句模研究》，北京大学出版社 2001 年版。

邹崇理：《话语表现理论述评》，《当代语言学》1998 年第 4 期。

附　录

实验 1　先行语位置策略实验

根据自己的语感，从 a 和 b 选项中选择一个更合理的答案。

1. 当王强认识李明的时候，还没有结婚。

    问题：谁没有结婚？　　a. 王强　b. 李明

    当王强认识李明的时候，他还没有结婚。

    问题：谁没有结婚？　　a. 王强　b. 李明

2. 当王强给李明打电话的时候，还在美国。

    问题：谁还在美国？　　a. 王强　b. 李明

    当王强给李明打电话的时候，他还在美国。

    问题：谁还在美国？　　a. 王强　b. 李明

3. 当王强看到李明的时候，正在吃饭。

    问题：谁正在吃饭？　　a. 王强　b. 李明

    当王强看到李明的时候，他正在吃饭。

    问题：谁正在吃饭？　　a. 王强　b. 李明

4. 当王强不小心撞到了李明时，正在赶车。

    问题：谁正在赶车？　　a. 王强　b. 李明

    当王强不小心撞到了李明时，他正在赶车。

    问题：谁正在赶车？　　a. 王强　b. 李明

5. 当王强去找王李明的时候，已经脱离了危险。

    问题：谁已经脱离了危险？a. 王强　b. 李明

    当王强去找王李明的时候，他已经脱离了危险。

    问题：谁已经脱离了危险？a. 王强　b. 李明

6. 当王强再一次遇到李明的时候，变了很多。
　　问题：谁变了很多？a. 王强　b. 李明
　　当王强再一次遇到李明的时候，他变了很多。
　　问题：谁变了很多？a. 王强　b. 李明

7. 王强批评了李明，很后悔。
　　问题：谁很后悔？　a. 王强　b. 李明
　　王强批评了李明，他很后悔。
　　问题：谁很后悔？　a. 王强　b. 李明

8. 王强打了李明一下，什么都没说。
　　问题：谁什么都没说？　a. 王强　b. 李明
　　王强打了李明一下，他什么都没说。
　　问题：谁什么都没说？　a. 王强　b. 李明

9. 王强帮助了李明，很开心。
　　问题：谁很开心？　a. 王强　b. 李明
　　王强帮助了李明，他很开心。
　　问题：谁很开心？　a. 王强　b. 李明

10. 王强拥抱了李明，很激动。
　　问题：谁很激动？　a. 王强　b. 李明
　　王强拥抱了李明，他很激动。
　　问题：谁很激动？　a. 王强　b. 李明

11. 王强拒绝了李明，心情很沉重。
　　问题：谁心情很沉重？a. 王强　b. 李明
　　王强拒绝了李明，他心情很沉重。
　　问题：谁心情很沉重？a. 王强　b. 李明

12. 王强抓住了李明，大叫了一声。
　　问题：谁大叫了一声？　a. 王强　b. 李明
　　王强抓住了李明，他大叫了一声。
　　问题：谁大叫了一声？　a. 王强　b. 李明

实验2　主语显著的共性实验

根据自己的语感，从 a 和 b 选项中选择一个更合理的补充完整句子的方式。

1. 妈妈把衣服和床单都洗了，_____。
   a. 现在在打扫房间　b. 现在很干净了
   衣服和床单都被妈妈洗了，_____。
   a. 现在在打扫房间　b. 现在很干净了

2. 我把他写给我的信全撕了 _____。
   a. 再也不想看到了　b. 不在抽屉里了
   他写给我的信全被我撕了，_____。
   a. 再也不想看到了　b. 不在抽屉里了

3. 警察已经把犯罪分子包围了，_____。
   a. 马上就会出击了　b. 无路可逃了
   犯罪分子已经被警察包围了，_____。
   a. 马上就会出击了　b. 无路可逃了

4. 我把过期的药全扔了，_____。
   a. 虽然有点心疼　b. 虽然都很贵
   过期的药全被我扔了，_____。
   a. 虽然有点心疼　b. 虽然都很贵

5. 他把本来简单的事情复杂化了，_____。
   a. 采取了太多不必要的手段　b. 成了烫手的山芋。
   本来简单的事情被他复杂化了，_____。
   a. 采取了太多不必要的手段　b. 成了烫手的山芋

6. 我把房间里的大灯熄了，_____。
   a. 然后去卧室睡觉了　b. 然后又被别人打开了
   房间里的大灯被我熄了，_____。
   a. 然后去卧室睡觉了　b. 然后又被别人打开了

7. 单位把他选为先进工作者，_____。
   a. 奖励了一部手机　b. 很开心
   他被单位选为先进工作者，_____。
   a. 奖励了一部手机　b. 很开心

8. 他把那张车票让给了我，_____。
   a. 还没要钱　b. 还是卧铺票
   那张车票被他让给了我，_____。

　　a. 还没要钱　b. 还是卧铺票

9. 老师把李明叫到办公室，_____。

　　a. 拿出了一封信　b. 反省了自己

　李明被老师叫到办公室，_____。

　　a. 拿出了一封信　b. 反省了自己

10. 他把这个病人治好了，_____。

　　a. 兑现了承诺　b. 已经出院了

　这个病人被他治好了，_____。

　　a. 兑现了承诺　b. 已经出院了

11. 志愿者把老人接走了，_____。

　　a. 照顾了很长时间 b. 现在住在养老院里

　老人被志愿者接走了，_____。

　　a. 照顾了很长时间　b. 现在住在养老院里

12. 那对夫妇把她当成亲生女儿，_____。

　　a. 付出了很多　b. 受到很好的待遇

　她被那对夫妇当成亲生女儿，_____。

　　a. 付出了很多　b. 受到很好的待遇

实验3　名词生命度实验

　　用零形回指的形式续写句子，要求零形回指的指代对象为前一分句中两个下划线名词中的一个。

1. 她的老师很有名，_____。
   她的作品很有名，_____。

2. 她的爷爷不见了，_____。
   她的钱包不见了，_____。

3. 他的朋友很多，_____。
   他的钱很多，_____。

4. 他的父亲很伟大，_____。
   他的发明很伟大，_____。

5. 他的儿子遇上麻烦了，_____。
   他的公司遇上麻烦了_____。

6. <u>她</u>的<u>妹妹</u>很出色，＿＿＿＿＿＿＿＿。

   <u>她</u>的<u>业绩</u>很出色，＿＿＿＿＿＿＿＿。

7. <u>他</u>的<u>妻子</u>被撞了，＿＿＿＿＿＿＿＿。

   <u>他</u>的<u>车</u>被撞了，＿＿＿＿＿＿＿＿。

8. <u>他</u>的<u>妻子</u>在车上，＿＿＿＿＿＿＿＿。

   <u>他</u>的<u>电脑</u>在车上，＿＿＿＿＿＿＿＿。

9. <u>他</u>的<u>孩子</u>在老家，＿＿＿＿＿＿＿＿。

   <u>他</u>的<u>户口</u>在老家，＿＿＿＿＿＿＿＿。

10. <u>她</u>的<u>弟弟</u>很受欢迎，＿＿＿＿＿＿＿＿。

    <u>她</u>的<u>小说</u>很受欢迎，＿＿＿＿＿＿＿＿。

11. <u>她</u>的<u>邻居</u>很吵，＿＿＿＿＿＿＿＿。

    <u>她</u>的<u>房间</u>很吵，＿＿＿＿＿＿＿＿。

12. <u>他</u>的<u>女儿</u>变了很多，＿＿＿＿＿＿＿＿。

    <u>他</u>的<u>家乡</u>变了很多，＿＿＿＿＿＿＿＿。

实验4　动词语义和复句语义关系实验

用零形回指的形式续写句子，要求零形回指的指代对象为前一分句中两个下划线名词中的一个。

1. <u>他家</u>邀请了很多<u>朋友</u>，＿＿＿＿＿＿＿＿。

   <u>他家</u>认识很多<u>朋友</u>，＿＿＿＿＿＿＿＿。

   <u>他家</u>来了很多<u>朋友</u>，＿＿＿＿＿＿＿＿。

2. <u>这家公司</u>招聘了很多<u>工程师</u>，＿＿＿＿＿＿＿＿。

   <u>这家公司</u>需要很多<u>工程师</u>，＿＿＿＿＿＿＿＿。

   <u>这家公司</u>有很多<u>工程师</u>，＿＿＿＿＿＿＿＿。

3. <u>他</u>撞倒了一个<u>同学</u>，＿＿＿＿＿＿＿＿。

   <u>他</u>看到了一个<u>同学</u>，＿＿＿＿＿＿＿＿。

   <u>他</u>有一个<u>同学</u>，＿＿＿＿＿＿＿＿。

4. <u>李明</u>采纳了一个<u>好方法</u>，＿＿＿＿＿＿＿＿。

   <u>李明</u>想出了一个<u>好方法</u>，＿＿＿＿＿＿＿＿。

   <u>李明</u>有一个<u>好方法</u>，＿＿＿＿＿＿＿＿。

5. <u>李明</u>拜访了一个<u>朋友</u>，＿＿＿＿＿＿＿＿。

李明想起一个朋友，＿＿＿＿＿＿＿＿＿。

李明有一个朋友，＿＿＿＿＿＿＿＿＿。

6. 他揭穿了一个秘密，＿＿＿＿＿＿＿＿＿。

他听说了一个秘密，＿＿＿＿＿＿＿＿＿。

他有一个秘密，＿＿＿＿＿＿＿＿＿。

7. 李明买了很多参照书，＿＿＿＿＿＿＿＿＿。

李明编了很多参考书，＿＿＿＿＿＿＿＿＿。

李明有很多参考书，＿＿＿＿＿＿＿＿＿。

8. 这个城市拆了一座大桥，＿＿＿＿＿＿＿＿＿。

这个城市造了一座大桥，＿＿＿＿＿＿＿＿＿。

这个城市有一座大桥，＿＿＿＿＿＿＿＿＿。

9. 这家公司裁减了很多职位，＿＿＿＿＿＿＿＿＿。

这家公司提供了很多职位，＿＿＿＿＿＿＿＿＿。

这家公司有很多职位，＿＿＿＿＿＿＿＿＿。

10. 李明拿出一幅画，＿＿＿＿＿＿＿＿＿。

李明画了一幅画，＿＿＿＿＿＿＿＿＿。

李明有一幅画，＿＿＿＿＿＿＿＿＿。

11. 他撕掉了一封信，＿＿＿＿＿＿＿＿＿。

他写了一封信，＿＿＿＿＿＿＿＿＿。

他有一封信，＿＿＿＿＿＿＿＿＿。

12. 我打开一台电脑，＿＿＿＿＿＿＿＿＿。

我组装了一台电脑，＿＿＿＿＿＿＿＿＿。

我有一台电脑，＿＿＿＿＿＿＿＿＿。

实验5 名词有定性实验

实验1 无定名词与有定名词实验

根据自己的语感，a 和 b 两个续写句中选择一个更合理的续写方式。

1. 警察发现了一个小偷，＿＿＿＿＿＿＿＿。

a. 正在偷一个老人的钱包 b. 他正在偷一个老人的钱包。

警察发现了那个小偷，＿＿＿＿＿＿＿＿。

a. 正在偷一个老人的钱包　b. 他正在偷一个老人的钱包。

2. 警察听说了一个小偷，_____。

　　a. 经常在火车站偷东西　b. 他经常在火车站偷东西。

警察听说了那个小偷，_____。

　　a. 经常在火车站偷东西　b. 他经常在火车站偷东西。

3. 张云在路上看到了一个女孩，_____。

　　a. 正在伤心地哭泣　　　b. 她正在伤心地哭泣

张云在路上看到了那个女孩，_____。

　　a. 正在伤心地哭泣　　　b. 她正在伤心地哭泣

4. 张云想到了一个人，_____。

　　a. 也许可以解决这个问题　b. 她也许可以解决这个问题。

张云想到了那个人，_____。

　　a. 也许可以解决这个问题　b. 她也许可以解决这个问题。

5. 李明遇到了一个同学，_____。

　　a. 正在等车。　　　　　　b. 他正在等车。

李明遇到了那个同学，_____。

　　a. 正在等车。　　　　　　b. 他正在等车。

6. 李明认识一个人，_____。

　　a. 在公安局工作　　　　　b. 他在公安局工作。

李明认识那个人，_____。

　　a. 在公安局工作　　　　　b. 他在公安局工作。

7. 我记得一个高中同学，_____。

　　a. 体育特别好　　b. 他体育特别好

我记得那个高中同学，_____。

　　a. 体育特别好　　b. 他体育特别好

8. 我知道一个医生，_____。

　　a. 是这方面的专家　　　　b. 他是这方面的专家

我知道那个医生，_____。

　　a. 是这方面的专家　　　　b. 他是这方面的专家

9. 张老师注意到一个学生，_____。

　　a. 上课一直在走神　　b. 他上课一直在走神

张老师注意到那个学生，_____。

　　a. 上课一直在走神　　　　b. 他上课一直在走神

10. 张老师很担心一个学生，＿＿＿＿＿＿＿＿＿。

　　a. 几天都没来上课了　　b. 他几天都没来上课了

　　张老师很担心那个学生，＿＿＿＿＿＿＿＿＿。

　　a. 几天都没来上课了　　b. 他几天都没来上课了

11. 王强很怀念一个老师，＿＿＿＿＿＿＿＿＿。

　　a. 前几年去世了　　　b. 他前几年去世了

　　王强很怀念那个老师，＿＿＿＿＿＿＿＿＿。

　　a. 前几年去世了　　　b. 他前几年去世了

12. 王强很佩服一个老师，＿＿＿＿＿＿＿＿＿。

　　a. 可以背出整本字典　　b. 他可以背出整本字典

　　王强很佩服那个老师，＿＿＿＿＿＿＿＿＿。

　　a. 可以背出整本字典　　b. 他可以背出整本字典

实验6　数量信息实验

根据自己的语感，从 a 和 b 选项中选择一个更合理的答案。

1. 他有一个朋友，很热情。

　　问题：谁很热情？　　　a. 他　 b. 朋友

　　他有很多朋友，很热情。

　　问题：谁很热情？　　　a. 他　 b. 朋友

2. 他有一个学生，很成功。

　　问题：谁很成功？a. 他　 b. 学生

　　他有很多学生，很成功。

　　问题：谁很成功？a. 他　 b. 学生

3. 她培养了一个世界冠军，很有名。

　　问题：谁很有名？a. 她　 b. 世界冠军

　　她培养了很多世界冠军，很有名。

　　问题：谁很有名？a. 她　 b. 世界冠军

4. 她认识一个医生，很可靠。

　　问题：谁很可靠？a. 她　 b. 医生

　　她认识很多医生，很可靠。

　　　　问题：谁很可靠？a. 她　　b. 医生

5. 他有一个想法，很聪明。

　　　　问题：谁/什么很聪明？

　　　　a. 他　　b. 想法

　　　　他有很多想法，很聪明。

　　　　问题：谁/什么很聪明？

　　　　a. 他　　b. 想法

6. 这家公司开发了一个新产品，很有前途。

　　　　问题：什么很有前途？　　a. 这家公司　　b. 新产品

　　　　这家公司开发了很多新产品，很有前途。

　　　　问题：什么很有前途？　　b. 这家公司　　b. 新产品

7. 杭州有个景区，很适合度假。

　　　　问题：哪里很适合度假？a. 杭州　　b. 景区

　　　　杭州有上百个景区，很适合度假。

　　　　问题：哪里很适合度假？a. 杭州　　b. 景区

8. 这所大学有一个院士，名气很大。

　　　　问题：谁名气很大？a. 大学　　b. 院士

　　　　这所大学有十几个院士，名气很大。

　　　　问题：谁名气很大？a. 大学　　b. 院士

9. 这个国家有一个民族，很神秘。

　　　　问题：谁很神秘？a. 国家　　b. 民族

　　　　这个国家有六十多个民族，很神秘。

　　　　问题：谁很神秘？　　a. 国家　　b. 民族

10. 她有一个爱好，很有个性。

　　　　问题：谁/什么很有个性？a. 她　　b. 爱好

　　　　她有数不清的爱好，很有个性。

　　　　问题：谁/什么很有个性？a. 她　　b. 爱好

11. 他写了一本书，很有名。

　　　　问题：谁/什么很有名？a. 他　　b. 书

　　　　他写了二十多本书，很有名。

　　　　问题：谁/什么很有名？a. 他　　b. 书

12. 这本书收录了一张照片，很特别。

问题：什么很特别？　　a.这本书　b.照片

这本书收录了几百张照片，很特别。

问题：什么很特别？　　a.这本书　b.照片

实验7　距离因素实验

根据自己的语感，在句 a 和句 b 中选择一个更合理的句子。

第1组

1) a. 我邀请朋友们参加我的派对，<u>买了很多好吃的</u>。

   b. 我邀请朋友们参加我的派对，<u>我买了很多好吃的</u>。

2) a. 我邀请朋友们参加我的派对，<u>和我一起过生日</u>。

   b. 我邀请朋友们参加我的派对，<u>邀请朋友们和我一起过生日</u>。

3) a. 我邀请朋友们参加我的派对，<u>是在下周日晚上</u>。

   b. 我邀请朋友们参加我的派对，<u>派对是在下周日晚上</u>。

4) a. 我邀请朋友们参加我的派对，<u>结果都没有时间</u>。

   b. 我邀请朋友们参加我的派对，<u>结果朋友们都没有时间</u>。

5) a. 我邀请朋友们参加我的派对，<u>结果被取消了</u>。

   b. 我邀请朋友们参加我的派对，<u>结果派对被取消了</u>。

第2组

1) a. 我让她告诉我真相，<u>想帮助她</u>。

   b. 我让她告诉我真相，<u>我想帮助她</u>。

2) a. 我让她告诉我真相，<u>不要自己一个人扛</u>。

   b. 我让她告诉我真相，<u>让她不要自己一个人扛</u>。

3) a. 我让她告诉我真相，<u>无论到底有多残酷</u>。

   b. 我让她告诉我真相，<u>无论真相到底有多残酷</u>。

4) a. 我让她告诉我真相，<u>就是不说</u>。

   b. 我让她告诉我真相，<u>她就是不说</u>。

5) a. 我让她告诉我真相，<u>果然和我猜想的一样</u>。

   b. 我让她告诉我真相，<u>果然真相和我猜想的一样</u>。

第3组

1) a. 他建议李明选择医学专业，<u>为此劝了李明很久</u>。

   b. 他建议李明选择医学专业，<u>他为此劝了李明很久</u>。

2）a. 他建议李明选择医学专业，将来做一名医生。

　　b. 他建议李明选择医学专业，建议李明将来做一名医生。

3）a. 他建议李明选择医学专业，因为是这个学校最好的专业之一。

　　b. 他建议李明选择医学专业，因为医学是这个学校最好的专业之一。

4）a. 他建议李明选择医学专业，却不想学医。

　　b. 他建议李明选择医学专业，李明却不想学医。

5）a. 他建议李明选择医学专业，可惜没有录取他。

　　b. 他建议李明选择医学专业，可惜医学专业没有录取他。

第4组

1）a. 校长吩咐大家多照顾他，强调了好几遍。

　　b. 校长吩咐大家多照顾他，校长强调了好几遍。

2）a. 校长吩咐大家多照顾他，不要让他干重活。

　　b. 校长吩咐大家多照顾他，吩咐大家不要让他干重活。

3）a. 校长吩咐大家多照顾他，因为刚刚病好。

　　b. 校长吩咐大家多照顾他，因为他刚刚病好。

4）a. 校长吩咐大家多照顾他，非常配合。

　　b. 校长吩咐大家多照顾他，大家非常配合。

5）a. 校长吩咐大家多照顾他，很感谢校长。

　　b. 校长吩咐大家多照顾他，他很感谢校长。

第5组

1）a. 他陪着老太太去医院，一直照顾她。

　　b. 他陪着老太太去医院，他一直照顾她。

2）a. 他陪着老太太去医院，接受手术治疗。

　　b. 他陪着老太太去医院，陪着老太太接受手术治疗。

3）a. 他陪着老太太去医院，是她一直去的那家。

　　b. 他陪着老太太去医院，医院是她一直去的那家。

4）a. 他陪着老太太去医院，很感谢他。

　　b. 他陪着老太太去医院，老太太很感谢他。

5）a. 他陪着老太太去医院，不接收她。

　　b. 他陪着老太太去医院，医院不接收她。

第6组

1）a. 他很感谢警察找到了他的父亲，送去了一面锦旗。

b. 他很感谢警察找到了他的父亲，他送去了一面锦旗。

2）a. 他很感谢警察找到了他的父亲，送他回家。

　　b. 他很感谢警察找到了他的父亲，感谢警察送他回家。

3）a. 他很感谢警察找到了他的父亲，当时一个人迷路了。

　　b. 他很感谢警察找到了他的父亲，他的父亲当时一个人迷路了。

4）a. 他很感谢警察找到了他的父亲，表示不用谢。

　　b. 他很感谢警察找到了他的父亲，警察表示不用谢。

5）a. 他很感谢警察找到了他的父亲，现在身体状况良好。

　　b. 他很感谢警察找到了他的父亲，他的父亲现在身体状况良好。

第 7 组

1）a. 我觉得他很有天分，很看好他。

　　b. 我觉得他很有天分，我很看好他。

2 a. 我觉得他很有天分，但是太不用功了。

　　b. 我觉得他很有天分，但是他太不用功了。

3）a. 我觉得他很有天分，但是需要被开发。

　　b. 我觉得他很有天分，但是他的天分需要被开发。

4）a. 我觉得他很有天分，自己也是这么认为的。

　　b. 我觉得他很有天分，他自己也是这么认为的。

5）a. 我觉得他很有天分，但是不被大多数人认可。

　　b. 我觉得他很有天分，但是他的天分不被大多数人认可。

第 8 组

1）a. 我听说他要去另一个学校了，有些不舍。

　　b. 我听说他要去另一个学校了，我有些不舍。

2）a. 我听说他要去另一个学校了，正在办手续。

　　b. 我听说他要去另一个学校了，他正在办手续。

3）a. 我听说他要去另一个学校了，是一个私立学校。

　　b. 我听说他要去另一个学校了，那个学校是一个私立学校。

4）a. 我听说他要去另一个学校了，也打电话告诉我了。

　　b. 我听说他要去另一个学校了，他也打电话告诉我了。

5）a. 我听说他要去另一个学校了，也许更适合他。

　　b. 我听说他要去另一个学校了，那个学校也许更适合他。

第 9 组

1）a. 我知道他有一个妹妹，很羡慕他。

　　　　b. 我知道他有一个妹妹，<u>我很羡慕他</u>。

2）a. 我知道他有一个妹妹，<u>还有一个弟弟</u>。

　　　　b. 我知道他有一个妹妹，<u>他还有一个弟弟</u>。

3）a. 我知道他有一个妹妹，<u>正在上小学</u>。

　　　　b. 我知道他有一个妹妹，<u>他妹妹正在上小学</u>。

4）a. 我知道他有一个妹妹，<u>经常提起他妹妹</u>。

　　　　b. 我知道他有一个妹妹，<u>他经常提起他妹妹</u>。

5）a. 我知道他有一个妹妹，<u>可能也知道我</u>。

　　　　b. 我知道他有一个妹妹，<u>他妹妹可能也知道我</u>。

第 10 组

1）a. 我相信他一定会通过面试，<u>一直在鼓励他</u>。

　　　　b. 我相信他一定会通过面试，<u>我一直在鼓励他</u>。

2）a. 我相信他一定会通过面试，<u>拿到这份工作</u>。

　　　　b. 我相信他一定会通过面试，<u>相信他一定会拿到这份工作</u>。

3）a. 我相信他一定会通过面试，<u>只要是公平的</u>。

　　　　b. 我相信他一定会通过面试，<u>只要面试是公平的</u>。

4）a. 我相信他一定会通过面试，<u>很感谢我的鼓励</u>。

　　　　b. 我相信他一定会通过面试，<u>他很感谢我的鼓励</u>。

5）a. 我相信他一定会通过面试，<u>结果确实进行得很顺利</u>。

　　　　b. 我相信他一定会通过面试，<u>结果面试确实进行得很顺利</u>。

第 11 组

1）a. 我没想到他又买了一部手机，<u>很惊讶</u>。

　　　　b. 我没想到他又买了一部手机，<u>我很惊讶</u>。

2）a. 我没想到他又买了一部手机，<u>已经开始用了</u>。

　　　　b. 我没想到他又买了一部手机，<u>他已经开始用了</u>。

3 a. 我没想到他又买了一部手机，<u>是最新款的</u>。

　　　　b. 我没想到他又买了一部手机，<u>手机是最新款的</u>。

4）a. 我没想到他又买了一部手机，<u>说其实没花多少钱</u>。

　　　　b. 我没想到他又买了一部手机，<u>他说其实没花多少钱</u>。

5）a. 我没想到他又买了一部手机，<u>因为对他来说并没有那么急需</u>。

　　　　b. 我没想到他又买了一部手机，<u>因为手机对他来说并没有那么</u>
<u>急需</u>。

第 12 组

1) a. 老师希望李明能找一份兼职，<u>给了他一些建议</u>。

 b. 老师希望李明能找一份兼职，<u>老师给了他一些建议</u>。

2) a. 老师希望李明能找一份兼职，<u>锻炼自己的能力</u>。

 b. 老师希望李明能找一份兼职，<u>李明能锻炼自己的能力</u>。

3) a. 老师希望李明能找一份兼职，<u>和他的专业知识相关</u>。

 b. 老师希望李明能找一份兼职，<u>兼职和他的专业知识相关</u>。

4) a. 老师希望李明能找一份兼职，<u>接受了这个建议</u>。

 b. 老师希望李明能找一份兼职，<u>李明接受了这个建议</u>。

5) a. 老师希望李明能找一份兼职，<u>但是都需要花费大量的时间</u>。

 b. 老师希望李明能找一份兼职，<u>但是兼职都需要花费大量的时间</u>。